九　幽

北京上河卓远文化传播有限公司　出品

九幽

逍遥兽——著

河南大学出版社

图书在版编目(CIP)数据

九幽 / 逍遥兽著 . — 郑州:河南大学出版社,
2015.11
ISBN 978-7-5649-2228-3

Ⅰ.①九… Ⅱ.①逍… Ⅲ.①短篇小说-小说集-中
国-当代 Ⅳ.① I247.7

中国版本图书馆 CIP 数据核字(2015)第 268378 号

九幽

著　　者　逍遥兽
责任编辑　萧　歌
封面设计　鲁明静

出　版　河南大学出版社
地址:郑州市郑东新区商务外环中华大厦2401号　邮编:450046
电话:0371—86059701(营销部)　网址:www.hupress.com
制　作　北京大观世纪文化传媒有限公司
印　刷　河南省瑞光印务股份有限公司
版　次　2016年10月第1版　　　印　次　2016年10月第1次印刷
开　本　889mm×1194mm　1/32　印　张　9.875
字　数　173千字　　　　　　　 定　价　36.00元

版权所有,侵权必究

(本书如有印装质量问题,请与河南大学出版社营销部联系调换)

致不可能的爱人

自序：一灯照隅

去年的这个时候，我还有几天就到预产期，八月初鼓荡的蝉躁和昂扬的燠热里，整个人焦灼到难以自抑。

而此时此刻，这个快将一周岁的婴儿正在卧室酣睡，整个房间仿佛随着她的呼吸涨落，空气里弥漫着她肉馥馥的热力。

坐下来写这则自序前，我刚刚收拾好她散落一地的积木、餐具、书籍和毛绒象，她的气场似还在书桌周遭萦绕不休。

她是我的头号迷妹，目前最大嗜好是抱紧我的大腿。有时我望着她宝光流溢的双眼，几乎无法相信我曾强忍剧痛（并且呼应此种剧痛）生出她。何其玄妙——我亲身经历一切，她仍然像是从天而降。

我的女儿和《九幽》，是我写给世界的两封情信，一封写向现世，一封写向虚无。

她跟它，也一样诞生于诸星明灭无定的黑暗时刻，而都曾那么痛。

小说与婴儿，一样是因缘际会，蹈空而来。而这样的空幻，又何尝没有草灰蛇线的幽微伏笔？

自二零零七年起，每一年我会花几个礼拜写一则故事，如今集结为册，乃成《九幽》。

每每我反观这几则故事，也很难说是我创作出它们，抑或，是它们借由我到临人世。

但有一点毋庸置疑，一年一度的那几个礼拜，是我该年度最为自省的时刻——仿佛与灵魂暗面相拥跳一支探戈，彼此冷着脸，硬着心肠，身体的姿态却异常热烈痴缠。

尽管在写，我却欠缺为作家的自觉。而就算念哲学念到了博士，我也无法对命运有所洞透，或是在痛苦中更加超然。

浅薄如我，只认识我所感触到的世界，对我而言，那就是世界本身以及全部。

世界不过是我的表象。而写作于我的意义仅仅在于，将此种表象尽可能如实地呈现。

吊诡的是，这种如实，却务必以虚构为壳鞘：歌岛三千年一沉、三千年一浮；梦土之人不可以做梦，一梦而亡；欢国是镜中国度，族人没有面孔；静川之人以缄默为誓，一旦开口说话，便即化为石像；方寸族人居酒壶内，擅酿酒，纵饮不休，……故事里那些沈初时和郑红衣，意乱情迷，悍然一爱，孤勇、偏执、荒唐、妖冶、狐媚、艳丽到不真的地步，也正是因为他跟她的不真，他们可以变得无穷大，可以是其他任何名字，在尘世间有亿万化身。

而所有这些虚构当中，唯一的真，是"我思"，是对属性、爱欲、渴求、等待和盟誓的参悟——基于我对它们极为有限的经验和失败，主要是失败。因之我也从不认为这些参悟，就是正确答案。

其实何来正确答案？你侬我侬的甘美，历劫历毁的惨烈，痛定思痛的悲悼，之后，八风都止息了，悲与欢全都无法定义的那一刻，在我看来，比答案更有意义。

一个礼拜前，我们一家三口在京都。

关西精妙，在在流露古意，物哀爆棚：佛堂森严可叹，神社典丽亦可叹，就连一只饭团，也简素美味得可叹。

我问我先生，此行最爱何处？答曰，苔寺。

苔寺，本称西芳寺，是京都西郊一间需要预约才能参拜的禅院，且务必按寺方给出的时间前往，逾期不候。

抵达京都的次日，清晨，大雨，我们去了。为 Google

Maps 所误，一路狂奔，仍然迟了一刻钟，山门紧闭，寺前寂然无人。我怀抱我的女儿撑伞而立，喘息未定，一时间只闻雨声跟心跳。无限懊恼间，见邮差探手进铁闸拉开门闩，入前庭，推开厚重木门长驱直入。我们如法炮制，竟然就这样进入苔寺。

与心爱者往京都西芳寺观苔，是我年少时诸般梦想之一。

起念，了愿，十几年过去了，其中跌宕多艰，再回首真如隔世一样。

雨中的西芳寺庭园，苔色极润，山林间水声潺潺，时有鸟鸣清越，破空而来。完完全全，是我梦想中的场景。

那一刻，我的心很静，似重回发愿当时心无旁骛的天真。

《九幽》实在是写了太多年。

久到几乎不像是写作，而毋宁说是一种酿造。不，比酿造更慢。

先勾出故事的轮廓，再以时间和酒曲作用，过程中，它被软化、被逼供，吐露作为书写者的我，对爱与死的真实看法。

这是一种秘术，是尘世施展于我，并我亦还施于尘世的，我们共同的咒。

而一年一度的写作，无一不是我向内心最为幽深隐晦的角落打去一束追光的禅定期。

此光寂寥，也很微弱，无法探向人性深深处，但我已尽力，那就这样吧。

京都嵯峨野的小火车站，候车厅悬挂一幅书法，写的是日本天台宗开山祖最澄法师的名言："一灯照隅，万灯照国"。

是豪情之语不错，却也不免流露一线荒意。

以个体之微渺，敌黑暗之壮大，一个人所能做的无非是秉烛一游，以幽幽一灯如豆，倏忽照亮某个角落罢了。

真的，我所有的不过是这一盏灯，这一点火，而九幽浩瀚，须得逐一燃亮。

是为序。

2016 年 8 月 6 日

目录

1 歌岛
23 情冢
46 梦土
77 欢国
112 静川
143 风间
199 方寸
256 焚舟
298 尘世

歌岛

题记：时辰已至，属此的尽归于此；不属此的，都将散去。

那一天海好静。

烈日之光，沉默却暴烈，光线的天罗地网里，无风，无鸟。

我觉得好倦，并不想醒来，但浑身痛，而且湿。于是我不得已自甲板上爬起，起身时耳中如电路不畅般沙沙作响，而右眼模糊，摸一摸，额角全是血。是在这时，我听到歌声，哽咽着浮荡到我背后来，那一把声线，是我闻所未闻，有点暗淡，并且温柔。只不过是飓风次日安忍无浪的海，怎么可以这样诡谲魅惑，带着情欲？惊诧中我转身——宿命里是要有这一回转身——转身之间，我看到了歌岛。

岛屿是那样突然，凶悍，迫近。

它粗暴地自海中超拔而出，怪岩嶙峋如同兽之脊背，暗影如同魔魅作势扑下。呵，它如此惊心动魄，像一个幻觉。

是，幻觉。假使从未有过幻觉，又何来幻灭？

我中邪般仰头，仰至最高，我看到，在西侧的山崖，有白色露台临海而造，光线的天罗地网里，女子在舞。全然不见眉目，但裙衫艳红，舞时飞溅如血，我见她薄薄身形以那样的节奏辗转、进退以及勾连，于是我想那应是一支探戈。

但探戈怎么可以一个人跳呢，又是在这样的岛上，未免，太寂寞了。

我们的船靠岸才不过一支烟的工夫，便有人来领我去见岛主。

花明正在不远处替飓风中受伤的船员处理伤口，这时便跑过沙滩来拖住我的手，跟我说，"初时，我与你一道。"

两年前我在南洋一间妓馆遇到花明，她幼鹿般的圆眼睛，金棕色的皮肤以及那一条小腰都十分吸引我。她会唱一点戏，又愿意跟我走，我便替她赎了身。进了我的戏班她便学戏，渐渐也可以好生唱几折，能踏台毯，从不怯场，因着扮相美，时常也博得个挑帘彩。她并不觉得生活亏欠过她，因她从来未曾奢望什么。花明是个明白的女子，不轻言哀伤，而且很容易就快乐。或者我是有一点爱她，然而竟至于这样地不能肯定，也许又并不是爱吧。

今日她穿月白短褂跟同色长裤，散着腿，一双珠灰色软缎鞋绣"喜上梅梢"。大概她是在南洋学得来这样怀旧，花明至中意这一款石塘咀头牌阿姑打扮。此刻虽有受惊后的苍白，但花明是劫后余生也一样柔艳的。

岛主鹰目权鼻，须发皆白，显见得是英雄迟暮，且又懂得享受。大宅建在崖顶，房间布置奢华淫逸，光线沉暗，周遭浮动鸦片甜香，隔窗又有白色露台临崖而建，吞吐一海的风。

而这时竹帘摇动，他的内宠目不斜视进入，恃宠而骄坐上他的膝头，一个少年。

我与花明彼此莞尔，呵，原来此间主人好这个调调。

只见那少年清秀已极，眼角斜飞入鬓，眉宇间却很有些妖娆。着洁白阿拉伯长袍，白缠头，金腰带，裸着雪一般的双腿双脚，足踝处有细碎的光闪一闪，应是钻石。他坐定了，先朝我们笑一笑，然后转头向那老人道："他们怎么这样巧，刚刚剩下三十天。"

我望花明一眼，彼此目光都有忐忑，不晓得是否逢上他们生人祭，养足一个月好把我们整船人弄到柴堆上烧。但随即又觉好笑，屋角分明有一架胶片放映机黑黢黢立在当地，提示我们——人家也是文明人。千禧年以后，食人生番才是珍稀种族，遇得上都算是运气，真被吃应该感到荣幸。

没有任何解释，老人只与我们约定三十日之内离开。他话语中有不容追问的威势，况且终究我们已得到我们想要的，很快便告辞出来。

不知是否我疑心生暗魅，临去时我竟瞥见他膝上那美貌的禁脔对住我眨眼，望着我时目光何其温柔，惊得我一额凉汗。退出那时我想，这少年多么妖冶，甚至都没有相爱，而他是一个男子眼神竟可以如此缠绵。

等我讲给花明听，她却吃吃笑，奚落我，"沈班主你还真是四海列国男女通杀，落难到孤岛还有美少年巴巴地来朝你抛媚眼"，说得我真像是自作多情了，遂也丢开一边，不再去想它。

黄昏时木屋外一廊的风。

灌木好高大投下羽状暗影。有红花似一团火随风摆荡，一波一浪直朝山丘下面烧去，冶艳有燎原之势。这座岛是连开一朵花都开得这样慑人，实在是很戏剧化的一个地方。

隔着纱门我听见花明在房中呼吸得匀净，望住眼前花木森然起伏，很快我也在廊下摇椅里盹着了。许是连日劳累，心神涣散，恍惚间竟看到早年与我相恋那女子，笑起来露出好细白的编贝齿，酒窝很小很深，两边脸一边一个，梦到我跟她在暴雨中走，整条长街遍布深蓝的雨影，我想要抱她抱得更紧，但再紧那也只是少年的肩膀。

呵，我的确曾爱她爱得不知道怎么办才好。

然而我又十分清醒，晓得这是梦，也晓得这个人前年已经生了癌死掉，她的儿子在灵堂答礼，站起来身型已有我这样高。突然我觉得伤心，在梦里放肆变回一个少年，痛快哭一场。于是我哭得好淋漓，因不过是在梦里。而原来这般隐忍自持我也终于老了，生命里失去的人终于比留下的要多。

自来这世上，谁不是失去一样又一样？在生命这一场争胜中间，我晓得我必不会赢，但我赔上更多的时日，只因我不想认输。

这时有闪电白花花劈在棕榈树顶，暗色天幕上黑云飞渡，回廊外降下暴雨，溅湿我腿臂。不得已我睁开眼睛，仍觉得倦，生命的得失都令人疲累。但其实我本不想懂得寂寞，哪怕只懂得这有限的一点。世上的事总是知得比较少的人比较快乐。我忍不住叹气。

而廊下不远席地坐着一个女子，见我醒了却并不来跟我说话，只静定望着我。长发让风吹荡，猎猎向后扬去，她静美又狰狞，如同海妖。我只道是花明，便起身去拉她的手。待触到她手指那样凉静，又知不是，因花明一向总是暖热的，但我竟没有舍得放开，只凑近去瞧她。

她坐在廊柱阴影里，抱着膝，空空荡荡穿件白衬衫，烂牛仔裤，赤脚，足踝处有细碎的光闪一闪，是钻石，我便认得她是谁。现在我晓得一个人假使真要漂亮，是男是女原是一样的。

而她又有那样一双眼睛，黑白分明，白如青空不染，黑如夜色之深，我尚记得今晨她是如何对住我眨眼，又如何惊得我一额细汗，原本对她我有那么多问题要问，但我见她时除开欢喜却是连好奇也来不及有了。

静默中倒是她先开口："我来避雨，"又说，"刚刚我在你的梦里，看到你哭。"

我便有点慌，抬手去摸面孔，凉湿的，不晓得是眼泪抑或雨水。我觉好尴尬，只得敷衍："呵，你在哪里看到？"

风雨中，她脸上有廊外红花黑墨墨的影，是这样静美又这样狰狞。

其实我只不过随口一问，她却已把手幽幽按上我的胸口，"这里，"她说。

从此心痛就开始了。

相传商纣王时，丞相比干心有七窍，妖妃妲己将之剜出玩赏。其后，比干捂着胸口走在朝歌的街头，只道可活，却因路旁菜农"人无心必死"一语成谶，倒地而亡。

这个女子一来便直直抚上我的心，惊动我的魂魄我的内脏。

真像劫难一样，原本我已是那么静，静到连肢体都忘记它曾热烈，做爱时只采取温和体式；静到电光石火眼见繁丽不过白驹过隙，竟也无忧无惧；静到临着烟花散尽的海，可以无怅惘亦无仓皇；静到我以为我不再需要任何人，因此任何人都可以满足我的需要；静到只有片时只有今朝，而没有来日也没有千古；静到连忘记都不必忘记，因根本无所谓记起。

但她一来便抚上我的心，在我身体的左侧。

按住它便知它有形状，兽一样，自在存活。它长久不被触动，已如微尘之轻。而它这样痛，有时因废毁，有时因苏醒。

她就是那句谶语。从此，心痛就开始了。

稍稍休整几日，戏班一干人等便都振作起来，要将丢生了的武艺练上一练。

这边厢，猛扎扎一名武生扮李元霸，勾的是金颊黑脸，穿的是金丝黑缎大靠，使的是一对八棱紫金锤，胯下座骑身似浓墨，名曰追风白点万里云。那李元霸少年英雄，乃隋唐第一好汉，四平山一战，将秦琼都打落马下。只听那武生在一块拢音的低地"哇呀呀"开唱，一双金锤捻动起来如同流星飞逝，金光四溢。附近的岛民渐渐聚过来看，人很多，却很静，纵是这样热闹的戏看到最得意处，也决不高声叫好。

是有一点奇怪的。歌岛的人不论老少，都静得出奇，却也不是因为欢喜太多，也不是因为厌倦太多，只是那种七情上脸的事情，他们做不来。呵，我大半辈子生活在中国，总觉得欠缺了彩声、叫嚣、互殴及相骂的生活是不够饱满跟真实的,许是我多事了,但我替歌岛的人感到寂寞。

这时有人来牵我衣袖,我回头,见是岛上一个少年,有那样一管笔直的鼻子,面色却很苍白。他交一封信到我手上,我打开来看,只有两行字——

"初时,这些天我一直问自己,我是在爱你么?我想是的。我抚着心口问得这样低声而且细密,即便如此,回答时我仍然感到悸动。"

没有署名,但我知是谁。

海岸线上长风浩浩,蓦地我记起她的脸,她的静美与她的狰狞。我曾跨越海洋和群岛见过众人,我晓得她那样的美法是不属于任何人的,甚至不属于那鹰目权鼻的长者,只有她自己,可以深刻并且孤独地占有它,不可以交付,或是寄予,因无人能够承受或是负担。

很突然地,我内心涌起些空旷跟伤感,想要醉一场,我深感自身何其菲薄,乏力于担当太丰盛的幻觉。

一抬头我见花明正在远处望着我。下一出戏轮到她扮杜丽娘《游园》,良辰美景奈何天,便赏心乐事谁家院。我怕是已经辜负了她的爱,如果有爱,当然,最好是没有。我这一生假使要说起"辜负"这样严重的字眼,也就是在那一天,隔着人群,急促鼓点中,我与花明,我看她,她看我,然后她知道我已不爱她了,而我,也知道她知道了。

歌岛，三千年一沉，三千年一浮。岛众不生不灭，存在千年又千年。

我随那苍白脸的少年去见她，却不是在崖顶的大宅，而是一幢背山面海的白色木屋，四下有些影树跟栀子，也有我屋前那种红花，只是开得更深静，因之她的回廊里，光线也要更幽暗一些。

不待我问她，她便说，"有时我也独住的。"今次她将大把黑发简单束在脑后，才几天不见呢，她竟然憔悴了。

呵，欢从何处来，端然有忧色。

她这个样子，是为着我么？讲起来真好笑，原本我也不是没见识的男人，然而自从见了她，竟至于凡事都觉惊心动魄得很。

我问她："我们到的那天早晨，在露台一个人跳探戈的，穿红裙子，是你么？"

她摇头，嘴角带笑，眼睛斜睨着我。

我想她是这样狐惑的女子，令人不可以否认自己曾有过幻觉。之后我又疑心她用的洗发水与众不同，因她发丝萦绕与转圜之间常有栀子的香气。

问她的名字。她说她没有，又说歌岛的人不束缚于名，因活得长远并且永久，倘只有一个名字会觉得好闷，不如没有。

听她这样讲，有一瞬间我疑心自己是在听神话。"你不信？"她说。

我就笑道："不，不不。我只在想，假使我很不幸地活到九十岁，皱巴巴的，那时候仍被叫作'沈初时'倒的确很讽刺。"

她也笑，但一笑即止，神色仍是忧虑。她低头寻打火机，一支接一支地吸烟，烟雾缭绕里她似离开我更远一点。

我见她一双小腿洁白滑腻，日本民间讲久米仙人因窥见浣纱女小腿而引动情欲被打落仙籍的故事，此时我信它是真的。我伸手去轻轻碰一碰她足踝的钻石细链，又捏她凉静的皮肤，她不躲，那双腿反倒蛇一般绕上我的腰，在我耳边，很轻很轻地，她说，"初时，我们的时间不多了。"

我们的时间不多了，于是她这样妖娆地承接了我的温柔跟我的暴烈。

渐渐起了风。

风起时山崖间荡起轻啸，跟着，周遭花木摇动，沙沙，沙沙，似有兽潜行。

她整个伏上我胸口，我又闻到栀子的香气。细小身躯罩件白衬衫长长大大，胸前柔软如糯我知她没穿内衣，我一下一下抚她的发。我觉就是与她在这里吹一天海风也很好，但我又知其实她这样不安而且哀婉，分明地与我有关，而我不知道原因，于是讲不出安慰，于是讲不出承诺，于是我与她，到底连一个盟誓也不曾有过。

于是，良久良久，她横了心似的抬起头来，以手胡乱抹去面上乱发，不晓得是跟我讲还是跟她自己讲："我没有办法，我不想了，我不管了。"

宿命当前，哪有办法可想，而我们赔上更多的时日，只因我们不想认输。

这样快已入夜，廊外花影一团团在房中壁上四处浮动，我拥着她，在她耳边，很轻很轻地，我说，"好不好呢，从今起，叫你红衣？"

曾经我以为，沈初时和郑红衣的故事必不至于太短。

但你们何至于要来相信我，因为其实我也不是我，真正的那个我，已经把这个故事忘记了。

我一早料到我们的故事要由别人来写，而不论这个人是谁，我都想要跟他（她）讲，假使还能够爱，就不要写作。

歌岛人命犯情孽，开天辟地之始，便在时空受永生劫。

三千年世上，三千年海底，千年又千年，一遍遍独自承受爱与死，遇到与分开，没有生，没有老，一切都漫漫无期，却又都迫在眉睫。

生命的细弱与粗糙,当其无尽反复而更见庞然不可抗拒。

在最初,他们尚能分清黯然与亮烈,到后来他们明白,其实这些,在本质上也没有什么区别。然而这并不可以算作了悟,他们只是不得不这么想,不得不这么做,否则,否则就太绝望了。

"初时,第一眼见到你,我突然跟自己起了天大的误会,我以为自己已经爱你很久了。但我曾隔海望见过你么,抑或在海底沉船中见过你的图卷?我是多少年不爱了的,现在你来,这不是存心折腾人是什么?但我又忍不住想,这男子穿件灰旧的恤衫怎么也能这样好看。我记得那天你额角包纱布,你一边说话它一边渐渐渗出血来,我才晓得原来男子也可以这样妖异的。我又笑你喝一杯茶也拿出那样认真的神态,而捧住茶杯的手指却细细长长,很有些风流。但初时,倘使我们不是在歌岛,倘使不是在这样的日子,我是不会来爱你的。爱的来去,我太晓得。然而我还是放肆了,只当自己在发梦。人有时或者真承受不起爱情,但总还是可以承受一个梦境的。"

我听她这样说完,情怀真有些震荡。原以为她不过是轻佻之爱,谁知她一出手这样深重。

我又问,"他,我是说那个老人,他是不是知道了?"

"呵，他有什么不知道的呢？他只说到你们的船离岛为止。无谓在乎这三十天，他手头捏着我的日子还多得很。"

我就静默了。起身走去厨房开了水喉，捧起冷水痛快洗一把头脸，又凑过去喝几大口。之后我站在那里，听到窗外有花谢了，掉在地上，"扑落"一声，四下都是晃动的风影，我心中乱得很。

这时红衣在隔壁开了收音机，一把女声在唱"我也只想今晚快乐，从未贪同渡雪落"，是这样老旧的粤语歌。我见她一个人暗暗地站在屋角，一肩一背都是凄伤，就过去吻她的后颈，将双臂环上她的腰。"红衣，不如我们离开这里。"

她便巧倩地转过身对着我，满脸都是泪，却偏偏要做出个欢喜样子来，热烈呼应我，"好，我们离开这里。"

歌岛人与歌岛，宿命所系，不可分离。

两千七百年前，曾有歌岛少年随渔家女出走，在海中昼夜不停向东泅渡三日，之后二人力竭，绝望中见洋面上有一线陆地，奋力抵岸后才知，仍是歌岛。

歌岛伤人与自伤，都在内部，如此，连爱意亦是徒然，假使不是误闯，其实本不应该靠近的。

这一日戏班搭台唱戏，锣鼓喧天，满眼都是热闹。

我与红衣去看。上场门边遇见花明，今次她唱《断桥》，演白娘子，一身结束皆白，有人正为她的行头做最后整顿，手势熟练也很亲昵，回过头来却是前次送信给我的苍白脸少年。

正四人相对无话，花明已挑帘上场，留下我们三个。红衣笑问他："这回她叫你什么？"

"叶暗。"

"呵，倒是好名好姓，可惜用不长。"

那少年并不显出难过，只说，"我一天一天打发日子而已，你跟我，我们，都还不至于有资格是那么认真的人。"红衣有点尴尬，笑一笑，拿出烟来走去旁边开水炉上点火。

我便说，"其实我们若是留下，也是可以长长远远的。"

叶暗听了觉得很有趣似的，戏谑地看我，然后笑了。笑时露出一排牙齿尖锐如林中兽。日光那么烈，树影斑驳投在他面孔有光有暗，猩红的旧幕布随风鼓荡，我直觉这少年要道出什么我难以承受的话来，紧张得脑中只余一片白茫茫的光。果然，他说了。

他说，"三千年之交就在二十一天之后，到那时歌岛下沉，外来的一切，人和物，都要散去。"他停一停，观察我脸色，接着又扬声笑道："长长远远。她大概就是中意你这一点天真。"

无奈我也笑，笑时只觉面孔酸痛难当，只好转身走了，我不能再对着他。

红衣站在外头沙滩上吸烟，我走过去捏她小小的肩膀，她的肩头薄脆好像一捏就要碎掉，她便回头，"你知道了？"

我点了头，随即掩住面孔，我怕我流泪让她看见。

近旁海鸟回旋着飞翔，有孩童奔跑欢叫，他们是数千岁的小孩，自来就这样细小，今后也不会长成。他们见过桑田如何变为沧海，山脊如何在平地上涌起，而洋流如何无数次改变方向，但他们不会有白发，也不会有皱纹，他们这样不真，辗转在时光的关口，却也有喜乐也有哀愁，于是三千岁跟三十岁其实也没有什么两样，甚至更糟。

人为什么要有感情？

我痛得弯下腰来。

烈日光里，见到自己黑墨墨的影在脚下蜷成一团，我突然有被囚的无望。自此我才辨识出红衣面孔上那末日之神色，竟是初见就有，而我不曾认得。

"初时，常常我午夜醒来，在床中拥被听着风声，绝望得要命。肝胆都发痛，以为要哭，但只是翻身起来干呕。人在有些时候真的是连哭泣都不能够办到。有时趁夜我走去崖头，望住黑沉沉海面没有光没有我，皮肤上没有汗水，面孔上没有表情，但海风那样劲，带来岛上花木的香，于是我知生其实这样好，但我渴望有限的生命，有老，有死。谁也不情愿长久担负，有些事固然可以忍受，却是永远不可以习惯的。这些，初时，你懂得么？"

白昼之光岂知夜色之深。我不可以说我懂得，但又不甘心承认不懂，我竟一时说不出话来，只在黑暗中摸索着去吻她。

她抚着我的发，又说，"初时，其实我从来不想懂得这样多。"

那天入睡后，我梦到红衣了。我梦到她的心上，有绝望咬噬留下细小齿痕，深深的，密密的。我替她觉得痛，醒转来，见她将头埋在我胸前仍在睡，皱着眉头。

我托起她的手，吻一吻，又托起她的脚，吻一吻。

我想我此生不会忘记她。

临行前那一夜我们在酒馆，恰遇见叶暗与花明，都讲喝得不尽兴，便一道走去红衣住处接着喝。

其时红衣已经有点醉，倚在我臂弯，一边走一边仰起脸来逗我，说要变戏法，接着果然就从我耳后"啪"地变出一朵红花来，开在我眼前，灼灼如火。

我与她曾小心将日子放慢，以为如此可以得着更多，但岁月面前，谁敢妄言得着？

那真是太无谓跟太徒劳，而在旁人眼中看起来也实在是太愚蠢的一件事，因从来在这个世上，要发生的总要发生。

突地降下一阵急雨，叶暗说，跑吧，我们四人便彼此拖拽着一路跑回去,花木湿漉漉擦蹭在我的小腿跟手臂,我内心又寂寞又快乐。之后四个人倒在廊下,笑作一团,听外间雨势渐渐大得惊人,彼此都有些劫后余生的错觉。

一时又都静默了。静默地开了酒来喝,吸烟,一支接一支。

我送红衣一枚蓝钻,她笑着收下,因着醉,连说话都慢了,"初时,等明天我到了海底,会有血红钻的项链绕在项上而玫瑰金的指环圈在手指,于是我便会记起这三千年的得失,珠宝般坚硬而且真切。呵,但拥有的时候其实我们何曾拥有,所以失去的时候又哪有所谓失去?"

我们剩下的这三个人彼此对望一眼,目光中有各自的心情。我再也忍不住,躲进厨房做蛋炒饭。饥饿令人多忧,而食物可以延缓心疾发作,我终于明白为什么这世上有人自杀只因绝望时手头没有巧克力。

花明今夜一直不怎么开腔,但我在厨房时,她却环着臂倚在门边看我,又说,"假使今年春天你没有决定要再出海,初时,会不会我们现在已经结了婚,然后也是在这样一个雨夜,你觉得饿,会做一盘蛋炒饭来吃,而我在旁边看你?"

我低了头,却没有答她。我知道她说的是真的。

黎明之光,一寸寸渗入,醒时我闻见大雨过后夏之气味,而红衣坐在沙发里望着我,手伸过来拖住我的手,也不知这样多久了。

见我醒来，她便说，"花明跟叶暗已替你把行李带去船上，再有一阵该动身了。"

我从地上盘碟里拣几块香草芝士来吃，又喝几口昨夜的残酒，口中只说，"呵，屋子里好狼狈，又要辛苦你一个人收拾。"她也不答，只静静燃一支烟，头发又长又黑垂下来掩住半边面孔，足踝有细碎钻石链，时时微暗一闪，我见她难过，便过去静静拥住她，跟她说，"我会记得你。"

"不，你不会。"

"会的。"

她也不与我争，住了口，只惨然一笑，看着我。

自此我们再无交谈。

世人来过歌岛，离去时必将歌岛遗忘，及其上一切人，一切事。

歌岛收回这些记忆，存于石缝当中，每当下沉之时，每当浮起之时，记忆与海潮彼此激荡，会发出歌声。

是三千年一现的挽歌。

故歌岛是追忆之岛，过去之暗影囚禁于此。

而世人曾用力记得，但敌不过宿命要他们忘记。

不久开船，灰天空压下来，低低在我们头顶。

歌岛人实在是见惯了来去，也不能怪他们凉薄，岸上只有叶暗几个跟戏班相熟的来送，而红衣并不在当中。我深觉无味，也晓得在我之后她还有大把的日子要过，便回到舱内，坐在床边发一阵呆。

戏班里有女孩儿采了歌岛上那艳红如火的花，供在我桌上那一只青花瓷瓶里，红红白白，真好看煞，望着它们，我想起那一夜红衣为我变的戏法，她有那样妩媚的行止，我神经质地笑起来。

这时耳中便听得周遭涌起迷惘的歌声，一开始细不可闻，之后就变得尖锐妖异不似在人界。接着外间船员惊呼："岛沉了。"

来不及穿鞋我便跑去甲板上看——只见歌岛方向风雷滚滚，有阴霾层云卷在天际，如巨兽成群游走。整座歌岛像是突然间变成活物，鲸一般下潜，匀速却很剧烈，带来四面八方，海之辛辣气味。而震惊中我仍记得朝西侧的山崖望去，只见那临海的白色露台上，有女子在舞。岛渐沉而风浪渐高，白刹刹灭顶而来，但那女子红裙飞溅如血，仍是那一支探戈。

要到此刻我才明白，原来这一支舞，它有一个名字叫作幻灭。

啊，幻灭竟是真的。我扭转了头，不忍再看，这时恰见我舱房中，桌上那妖冶的红花，也正在一朵一朵消失，它们像是被虚空一口一口吞了，无辜而且伤痛地放弃了它们曾经占据的位置。——歌岛从来，什么也不会放过。

不久，天边风雷静了。

大海无波无浪，深色如墨。烈日之光，沉默却暴烈，光线的天罗地网里，无风，无鸟。

船员各司其职，又是全新一日。我站在甲板上眺望，拖住花明的手，她的手一向温软，戴一枚羊脂玉的镯子。

她是这样容易就快乐的女子，我们在一起两年，我想等回到中国，便请她做我的妻。

然而。

然而这是怎么一回事？我的身体空空洞洞，好像刚刚，告别了什么。

缘起：写在《歌岛》之后

故事写完，我觉得腰弓得很痛，于是走去沙发上趴一会儿。

整个人木木的，一时不晓得该干什么，一眼看见茶几上丢着我的烟跟打火机，想起来可以吸烟，就吸一支。

我得说从《歌岛》开始，爱与寂寞将不再是我小说的主题，从《歌岛》开始，我将书写"绝望"。

我想这世上之所以有爱并且有它的书写，是因为爱再剧烈也总有一天要消失并归于寂静。而倘若不是如此，爱便根本不值得一提。

因为人族好天真曾错觉可以通过书写使爱永恒，但事实上就连书写，也不过是一种暂时。

所以这便是我要做的——以暂时表达暂时。

一切有时。但又都是虚妄。

虽明知如此，也只好这样，因为我书写绝望的时候，已经到了。

势必会很艰难，我知道。

关于绝望其实我懂得多少呢，并不比任何人更多。当然，也必不至于更少。

每个人一生中至少有一次，绝望到难以苟活，而你活下来，只因生之重负当前，连绝望都是借口。

呵，不如就套用黄碧云的话吧，在这难以安身的年代，岂敢奢言绝望？

歌岛这个故事，或者是关于命运的。

但其实我知道什么命运呢？我不过是一个浅薄的人而喜欢胡说罢了。

我的毕业论文自答辩后便没有再翻开，而我读海德格尔，一天只能读十页。

大概故事还关于记忆。

所谓记忆，就是你以为不会忘的，到最后你忘了，而也总会有另一个人，在独自承担着她的记得和你的忘记。

世事总是如此。

就好像有时，人甚至察觉不到自己的幻灭。

缘起，性空。

这才只不过，刚刚起了个头。

2007 年 8 月 8 日

情冢

题记：不要天真，没有前尘与来世，只有今生的追剿。

情冢。地底之城，九百年来，没有外人进入。

传说此间无光无火，族人双眼为纯金，没有视觉，性暴戾，绝少悲伤。然而，他们若因悲伤而落泪，则有焚心之痛，泪赤金色，能起死回生。

世间曾有国主为求情冢一泪，以千斛珠标赏犹不可得，勇往者皆去而无返，不知所终。

自此，情冢便成为异界，日复一日湮没于红尘，如是九百年。

那一天是怎样？那一天郑红衣满腹心事，而人间日色淡薄，呼啸有风。

她惊狂地奔跑，跌入深谷，坠落，耳旁风声锐利如有锋芒，黑暗中，她闻见昙花香气。

不知道为什么她竟突然记起某一年端阳午后喝过的那半盏老君眉,记起她喝它时唇齿清澈心中何等愉悦,但愉悦不会长久,当然伤痛也不会。所有我们以为可以长久的当时都曾那么笃定无疑但其实并不。

是在这一念之间,她落入水中。

时为阴历九月二十三日,霜降。

郑红衣陡然一惊,醒来。四下很静,无光,无火。于是她就想会不会都是一个梦,在梦里有偷欢、有冶艳性爱、有叶暗温热之血溅上她眉目,在梦里有杀、有奔逃、有坠落,在梦里有风,有黑暗城国、有死,会不会其实她仍在洁白床铺中熟睡,她的丈夫叶暗低沉鼻息在左,而他的手还缠绵地握住她的手?

但周身萦绕不去的血腥气正告诉她,是真的,她杀了他,还有他美丽的猩红的情妇。事已经成了。

人死不能复生,是躺下不再醒转,惊悔跟救赎都没有用处,事已经成了。

想到这里她不安地翻了个身,徒劳转侧中,尝试以眼观看。但是没有光,一切事物都没有形状。这时她疑心自己是下到地狱了吧应该,但黑暗中却明明嗅得到近旁石壁冰凉气味,听得到水声,还有不知何处吹来一线幽黯不可名状的风。于是红衣就想,生死也好,从这一刻起,世间的一切都可以跟她没有关系，眼中没有万物的形状，心中没有惊痛的感觉，过去的事只要不去追想就此彻底成为过去，如此，往事的屠戮也就不成其为屠戮，爱也不成其为爱——如果曾有爱。

突然，她抬手摸一摸自己的面孔，掌心中，睫毛如蝴蝶惊惶扑翼，双颊有细碎伤口，有痛，有血，没有眼泪。是在该时刻，她发现自己再也记不起叶暗的脸。

不过你势必记得的，那些未知未觉的岁月里，琐碎到难以言传的欢喜，还有空欢喜。

你势必还记得他笑时仿佛有风，静下来又深蓝如夜；你势必还记得他长长鬓角有时微微打卷，熟睡中法令纹常有残酷走向；你势必记得，曾与他看过花开、雪落、云生、潮起、风动、夜来，以及夜来他眼色是琥珀般温柔。

所有这些你以为你忘记了，其实你没有，你只是不去想起，然后你混淆了忘记和不去想起。

然而这是不可说的。都是虚空，都是捕风。

眼看，看不饱，皆为幻影。耳听，听不足，尽是虚言。

属世的一切当中，最早退散的都是色相。所以，相信我：在放逐、逃亡、寂灭与遗忘的国度，我们，不需要视觉。

不久便有人靠近，并且在不远的地方站定了，沉声问着:"你是谁?你从哪儿来?"是个男子,站在近旁,鼻息与热度都十分真实。

红衣那时怔怔抱了膝坐,下巴抵住膝盖,背后石壁又凉又湿,眼前则有无尽盲目之黑,无光无影于是也不存在幻觉。猛听人问,她便顺手指一指上方,忽又想起对方一定看不到,自己先笑起来,补充道:"上面。"

那人沉默一阵,又问:"上面是不是有光有火,人人以眼观看,且只以目见为真?"红衣称是。这时那男子便在黑暗里极短促地一笑:"呵,那么你是有光氏的后裔。我的族人说,有光之国无聊至极,那里的人动辄心痛欲绝,又喜欢流泪,又擅长背弃、伪饰跟矫作。据说他们最常卖弄的一样东西叫作感情,有时是自己的,有时是别人的。是不是这样?"

红衣仔细听他好似背课文般噼啪噼啪讲完,知他固然说得不都对,却也不无道理,便不与他争,只暗暗想,愤世一点来看,可不就是这样的?

男子接着说:"你的感情呢?有没有随身带着?拿出来给我。"

闻言,郑红衣愣怔片刻,随即纵声大笑起来——她丈夫叶暗的尸身尚在汩汩流血而她纵声大笑起来——她将面孔埋进臂弯,笑得浑身乱颤,天,真叫人吃惊,世上有这样无知的人,然而我们到底是不是在同一个世上呢,假使我们对感情的理解已如此不同。

是这样认识了沈初时。

地下之城情冢，族人没有视觉，然而他们以听、以嗅、以触，能够知道更多。

沈初时在遇到郑红衣的第一个瞬间，就知道她有秘密。秘密的气味总是一样，微腥，带点潮气，吸进鼻腔是凉的，就像水边生的苔。他还知道她伤心。伤心的人周身有雾，体温较常人为低，并且靠近时会闻到酸味。不用抚摸他也知道她有细小的骨，匀净的皮肤比蛇温暖比鱼柔滑，他知道她血液时常如熔岩之沸，心跳却一贯很缓很静，而每每当她从他身旁经过，转侧间长发流露经年累积的日光热辣气味，灼灼之烫几乎令他痛。

他知道，她是美丽的。

然而美丽没有用处。

美丽不能阻止厌倦、背叛或是离散，不能抵挡变故、错失或是宿命，不能减缓哪怕是一点点的衰老、寂寞的汹涌或者爱意的流逝——美丽到最后不过是灰尘，而且越是美丽就越是荒凉。在万事万物皆生幻影的有光之国，美丽没有容身之所。

是不是那一夜风声太劲而黑暗太沉重，红衣看到叶暗了。

夜色中的小镇。她推开一扇门,见一个男人坐在沙发里看电视,听到门响他就回过头来。这男人没有面孔,周身都是血,但红衣知道他是谁。他见了她就起身迎上来,每走一步地板上都是一枚血脚印,血水在他鞋底嘎吱嘎吱响,不等他走近她就吓得跑走,又推开下一家,情形仍是一样。

无尽黑暗仿佛有形,奋力扑杀如同嗜血的兽。她遇溺般拼命喘气,痛哭着醒来,醒时满额是汗,手紧紧掩住面孔,身体蜷成一只婴的形状。

初时便走来她身旁,不知所措地蹲下,也不触碰她,只问,红衣你怎么了红衣。

她不做声,仍然喘,眼泪流得一脸都是,连鬓角也是湿的。这时就有初时的手指抚上她的发,在发底如蛇缠绵地穿行,而他的鼻尖轻轻触上她的眉她的眼,她汗湿的额以及细洁的耳垂,之后他又将面孔埋进她的长发,深深吸气。这一切都令红衣周身麻痒,情欲般微微颤动的触感,又黑暗又温柔。但随即他就离开了她,隔许久,几乎是太久了,令人窒息的静默里,穿刺的风正发出尖锐啸声,是昼还是夜呢此刻?红衣想。是在这时候,初时才向她说,"红衣,你杀了人",语气十分平静,不像是在解答,也不像是在求证。

于是她不知该说什么,只应一声"是"。

"你杀了人,但其实你没有要他们流血。你杀人是因为你痛。你用亮闪闪的金属,尖的,薄的,上面还有血橙的香气。"

是。那是一柄水果刀,刀锋尚有血橙汁液未曾洗净。分明是正午,郑红衣却只觉日头瞬间暗了下去,几乎像是夜。其时她不过是个心碎的妇人,在天旋地转的时刻,恰好手边有刀。人的喉管十分柔韧,假使你切过某种成熟得恰如其分的水果就会知道,刀锋会如何陷入其中并且发出轻微至不可闻的"扑哧"声。叶暗温热之血溅上她衣衫,一道鲜明的弧形。竟然那么地痛,如果不曾有过那么多爱,是不会有那么多痛地吧,红衣想,这样她便确定自己该是爱过叶暗的,而且因为已经杀了他,不可推脱地爱过像是一种义务。

那一年的南欧,红石竹开得很盛。正是西班牙安达卢西亚的炎夏。

谈不上多么刻骨铭心,但郑红衣始终记得那一夏有日色璀璨之金与海水暴烈之蓝。

塞维利亚的酒馆一向嘈杂,气质里头总有点莫名脏乱,却依旧很能带给人某种暗地飞金的错觉。通常,午夜过后,当穿着饰花马甲的男子弹完第二支小夜曲,弗拉明戈舞就要开始了。

弗拉明戈是最沧桑的舞蹈。每一个舞姿都蕴含着往事。

美丽的舞者昂扬出场,穿猩红紧身褡以及绲多重黑边的红舞裙,鬓边别着红石竹烈烈如火,面孔上却带一抹遥远的隐约的恸色。她身姿的狂野热烈与神态的倨傲清寂,截然比照,效果十分妖异,令人不由得想要殷殷地追问,当她对住面前共舞的这一位男子,她心中想着的是谁?

叶暗那一晚十分纵情,不停叫酒,又随舞者指间响板击掌,一转头且问乐手借了木吉他来弹。那乐手也醉茫茫,像是非常喜欢他,反复唤他是漂亮的东方人漂亮的东方人。红衣坐在叶暗身畔微笑,抱着膝,右手指间一条雪茄,烟草辛辣芬芳的气味如同狂欢的气味以及异教徒的气味,令她深深眩惑,不知今夕何夕,甚至不知道还有没有明天——谁也不要知道。叶暗侧头见红衣眯着眼正似笑非笑,便徐徐倾向她,对她说:"红衣你看,弗拉明戈舞讲的是一个断裂过的女人。曾经那么美貌任性也还是不可避免地断裂了。之后哪怕再用心要补起来,再努力要跟从前一样,然而面孔固然还是那张面孔,心情却不是那个心情了。红衣,你明不明白,红衣?"于是她就知叶暗已经有一点醉,也不答他,只软软靠过去,将整张面孔都埋在他胸口,闻见他汗湿的T恤渗出气息仿佛海洋。

如果说爱是生命在浩瀚的黑暗里某时某刻的闪亮,如果说日与月之间寒与暑之间我曾投靠而你曾温柔,如果这不是爱,谁能告诉我这是什么?因为,我是越来越不懂得爱了。

其时舞者的踢踏正愈发急促起来,突地一声呼啸,致命一般,舞者戛然而止。那么静,仿佛此前她一直是那么静,不曾动也不曾起舞。

　　观众静默片刻，随即锐声叫好。角落里醉酒的拉丁少女赤足踩去桌上一边跳一边鼓掌，又被同行的朋友抱下，打翻了红酒洒上她的脚趾和小腿，缠绵地流动，好像血。随即那舞者狐媚地一笑，摘下鬓角的红石竹向观众抛来。恰恰是叶暗伸手接住了，十分戏剧化地一翻腕，将花别在红衣发间，接着他便自裤兜中取出一枚戒指递过来。细细铂金圈镶深蓝钻，切割简单，差不多有两克拉吧——叶暗不是个小气的人，却也绝不至于夸张。红衣想大概这就是求婚，便笑着接了，套上左手无名指，刚刚好，看样子叶暗是用过心的。红衣又想但其实不需要有钻石，因为当我爱的人恰好也爱我，已是生命中最大的奢侈。

　　他是这样娶了她为妻。

　　"相信吗初时，如果不是为着要讲给你听，我几乎忘记我跟他曾彼此驯化，在各自还能够给出承诺的年纪交换过不堪一击的誓言。不过事情最终也还是一样，后来我渐渐晓得他有别的女人。呵，我明白的，说过再多矢志不渝的情话他也不过是个男人，但我料不到他会跟她做到家里来。说到底其实我又何曾驯顺，只不过我晓得不驯顺也没有用处。生命坚不可摧的罗网里，挣扎只是徒劳，而且挣扎得越久就越不甘心。老实说，人生何其无谓，何必挣扎那么认真。初时，在有光之国，晨昏与昼夜周而复始，如水击石，逐日消磨人的棱角，以致我们的自尊心和忍耐力终于到了这样的地步：我们知道生活不可能没有手铐脚镣，故此我们只黯然希望它尺寸合适。而事实上，如此也是奢想。你看，我还是杀了他，还有他美丽的猩红的情妇。"

"初时，到现在你要么？在遇见我第一天你就想要的，这是我的感情。"红衣将泪湿的面孔埋进沈初时的掌心。

他轻轻托着她的脸如同托着宝石。沉默了片刻，他说："红衣，我知道你能够承受所以不妨告诉你，我的嗅觉告诉我，余生你也不会快乐了。"说罢，他捧起她的脸，以他的唇找到她的唇，情欲般微微颤动的触感，又黑暗又温柔。

无须讶异，不论是在入云的城国抑或是在幽深的地底，我们是人所以我们同样知道，肉身的愉悦总能较轻易地到手，而且，事实上比感情更为真诚。——因为，不会有比感情更虚妄的事了。

人。寄身在浮光掠影的世上，呼吸间也经历沧海桑田的变化，往往伤痛有时喜悦有时。然而红衣总疑心她与初时是在叶暗的血泊中交欢，因她仿佛闻到，血的腥气。

也不见得多么步步为营，天气却已是日复一日冷下来，渐渐竟叫人抵受不住了。周遭石壁变得更凉湿，风声更锐利，亦不复有细小的活物于足趾间窸窣跑动，在那时序分明的有光之国，想必已是严冬了吧，红衣想。

她就记起她的冬衣，黑的白的，她的靴，及踝的及膝的，还有居家时惯常穿的灰色开襟毛衫和那几对深蓝细条纹的羊毛袜。往年这个季候，每每下午四点钟天色已经很暗，一街都是灯影在晃，她爱在这时走去窗口吸两支烟，趴在那处享受室外凛冽清透的空气，身上披件叶暗穿旧了的外套，又软又厚，披着它像被拥抱。

然而如此暖热也已成为过去，此刻红衣所能做的，不过是往初时的怀中去得更深一些。

又不知过了多久，鼓声沉闷如雷轰然而至。

鼓声来时，初时正在做梦。他梦见红衣在他怀中变得很小很烫，抱着她像抱着一团火，灼灼令人痛。他猝然醒来，才知这不是梦却是真的，红衣滚烫如火球，呼出热而浊重的空气，拍她面孔唤她，她也只懂得含混应两声。

红衣一直有梦，梦长而困厄并且惊怖，乃至疲乏于惊怖，却不容醒转。

每一个指节都在痛。但不必要诉说。诉说不解决问题。

痛，假使你活着并且很痛，那么除了一个人苦捱，真的没有办法可想。痛是很寂寞的。除非是死了。当然，死也同样寂寞。

神说，爱是永不止息，在苦难中，只要有爱，便可得救。

那意思即是说,只有爱,是生之苦楚中仅有的小小的甜头。于是我们就是被这仅有的小小的甜头诱惑了,以至于走向更深刻的沉沦。

是的这一个肉体,周身都散发着绝望,初时木然抱着红衣,耳中听着遥遥传来的激越鼓点。

持续的高热令他怀中的女人变得透明,乃至初时几乎能够碰到她的梦境——回廊、暗影、没有面目的男子、血橙香气,在梦中红衣反手提刀,刀锋有血珠汇聚坠下,杀,是如此惊怖、畅快而又后患无穷的事情,昏街的暗角里她喃喃自语"说到底感情何其虚妄,何必杀了他那么认真",又扬起下巴一笑,"不过一场来去,曾经深爱已经很好,杀了他可曾令我更快乐,或是令我更年轻?都不,"她孩子气地摇摇头,"还不如只是离开他。"

绝望从她脊柱顶端蒸腾而出,因沉重而向下湮盖,直至足踵。绝望的气味微微发苦,厚重仿佛有形,像是她穿着一件不可推卸的黑衫,而且绝对合身。

然而关于绝望,我们所能说的再深入也不过如此,没有可能去得更尽一些。

从头到尾,谁曾真正懂得过希望或是绝望?我们只是一度拥有过它们。但拥有并不是懂得。

突然初时觉得好倦。

声音、触感和气味一时间都模糊起来倦怠起来，他乏于用力，乏于不用力，乏于想，乏于不想，而且乏于动，是这样他明白了，女子红衣不再外在于他的身体。

地下城国蒙昧未开化的异族当中，那个名叫沈初时的男子不曾听说过这世上有一样东西叫做爱情。但假使我们要赋予这种感觉一个名字，那么，会不会就是爱呢？你，你是聪明的，那么你来告诉我。因为，我是越来越不懂得爱了。

不久红衣醒过来，神智像是十分清楚，缓缓动一动，又以微弱声气对他说，"初时，我会死在这里。"呵，她想念头痛吃两片阿司匹林就会好的日子，那日子赋予她对症下药的技能，不思考亦自在存活的权利，她甚至可以不必动用她的聪明——顶好是不要动用，因为，在那样的日子里，聪明人往往离心碎比较近。

这一刻，初时却十分迟疑，良久，他不安地问："红衣，死是什么？"

地下之城情冢，族人不知生、老、病、死，不知有离散，不知有诀别。

他们不曾有过匮乏跟渴望，同样，也就没有失却跟餍足。他们是更超然，还是更堕落？他们，是活着的么，还是仅仅存在这世上而已？而我是有光氏的后裔，从来未曾悔恨当我为遇见而笑为失散而哭泣。

近旁恰有冬季凋萎的花"扑落"一声坠在地下。红衣便深深吸一口气，对他道，"初时，死就好像这朵花，清晨开放，夜晚凋败，凋败就是死。"

初时仍然疑惑，"但隔不久它一样会开的。在一样的位置，有一样的香气。"

是，世事瞬息万变，雷同即是永恒。我们满足于雷同何其浅薄，因为事情的真相并不是这样。

"再来便不是这一朵花了，初时。"红衣说。

人活一世，草生一秋，来这世间只不过一期一会，盛放有时，凋落有时，哪管下回从头再来，也不是这朵花，也不是这个人，也不是这个故事了。

再醒来时周身便有针脚般细细密密的痛，一个女子声线如巫，向红衣说，"不要动。"于是她就不动。初时没有出声，但她晓得他就在旁边。

那女子手中有针，在红衣的发肤间精准地起落，针刺的痛感十分微茫渺小，却很尖锐，像虫在噬。

静默中，红衣听见鼓声，自黑暗深处一波一浪涌来，好像潮，并且鼓点渐趋急促，似在唤人去。

"那是什么?"她问。

"是我的族人。鼓声一起,就是我们聚集的时候到了,"初时说,一面轻轻握住她的手,又道,"这是花明,她恰好路过这里的。"

这边花明伸手探一探红衣的额,热度已经减退,接着她又抚一抚红衣的发,声线暗哑如巫,语气却十分渴慕,"假使我也有这样一头长发,曾有阳光在发间穿行……"但她没有说下去,只是起身,静静离开了他们。

假使我也有这样一头长发,曾有阳光在发间穿行。

在有光之国,最静谧的时分不是深夜而是午后。日光下,一街淡静之绿,灰灰红红的是花朵,行人仿佛欲睡,步子很慢,街车摇摇驶过也慢,日光安忍泄下,也是慢的。

慢是很美的,如果你爱过并且因爱得剧烈而周身发颤,但慢可以很美,因为曾经剧烈过。

一段路走了多久红衣也不晓得,只知她的左手给初时拖在掌中,几乎捏出汗来。

渐渐能听见别人的脚步,行动间也免不了臂与臂的擦碰,但每一个人都不大出声,似幽灵麇集般慢慢走去黑暗的底部。

就这么默默走了一程,忽然初时开口道:"不要怕,我总是在的",没头没脑也不知是在跟谁讲。但不是跟红衣讲又是在跟谁讲?这样她便转过脸去看他,其实也看不见,但一样都是黑暗,分明这一处黑暗比别处要来得亲热。

"红衣,我知你心中暗暗在问,我会不会松开你的手,会不会当人越来越多我便忘记你,"初时这样说一面伸手捏一捏她的下巴,短促地笑一声,"原本我也可以同你信誓旦旦说我不会山崩地裂我也不会,然而我知道对你,言辞再激烈也是徒然,我能做的不过是拽你紧一些,再紧一些。"

这时红衣就打了个寒噤,不晓得是因为冷,还是因为太久了她不曾听过情话,如果适才初时说的算是情话。

爱是一念之差。即是你曾温柔呼唤,而我恰好有过应答。

情冢之人如群兽聚拢,每一个人都在絮絮诉说,"就要落雪了","就要落雪了"。黑暗中听来,细碎话声一如蚕食。

红衣想落雪真好,可惜这里看不到,从前念大学时她也真罗曼蒂克得要命,会得在午夜时分跑去湖心封冻的冰面躺下,戴着手套吸烟,看黯蓝的夜空中雪片静静飞下来。

那一天红衣不知怎么这样渴睡,伏在初时胸口听着他心跳声音就此沉沉睡去,甚至没有梦。

醒来,初时已不在她身畔,而且红衣看见,周遭空空如也,没有任何人。

是的她看见了,看见是因为有了光。

是时候了,离散的时候到了。红衣向着更光亮的地方走,心中不知为什么突然酸痛难当。

昏沉甬道的尽头霍然有光,裂裂如电,几令人目盲。

光中,一城乱雪,正无法无天降下。日光猛烈的穿刺里,情冢之人皆哀哀鸣叫,伏在雪中疼痛地弓起身体。接着,只不过是一眨眼的工夫,他们的体表便覆满羽毛,口唇突起为喙,而肩胛瞬间生出磅礴双翼,回旋有风。

见此情景,红衣肝胆俱起震动,一时间不知如何是好,只是惊惶地四下奔走,口中高呼初时的名字。

也不知如何她便回了头,一回头她看见那人,知道是初时。他远远站在雪中,凶猛地扑动双翼,激起周遭雪尘天旋地转笼罩,惟双目仍是人眼形状,眼球为纯金,没有视觉。但他望向她,声调依然温柔,他说,"红衣,我……"还没来得及说完,后面的话就在他喉间化为一连串凄厉的莫可名状的啸声。

红衣茫然地走向他,目不转睛地凝视,徒劳地想要记得他的面孔。——纵然有朝一日我终将忘怀,但仍愿在此之前我曾经记得。

这时,她看见初时的眼角开裂,流出血来,蜿蜒如蛇行，血中有眼泪，闪亮如钻。

还以为自己见惯了来去的，为宿命而哭太没意思，不料结果还是伤心了。

郑红衣抬手抚一抚面颊，像是抵受不住日光似的，挡住自己的眼睛，暗暗流了两行泪。左手无名指上钻戒闪射璀璨多芒的光，刺得她眼痛，突然"噗嗤"一响如同爆裂，强光下，深蓝钻化为一缕灰烟，消散了。叶暗当年在塞维利亚的小酒馆里把它送给她的时候，不曾猜到会是这样的收梢吧。

所谓情比金坚不过是善意的谎话，一个人如果足够绝望，宝石也会变成灰烬。

而当命运说"要离散"，我们根本不能逃避，不能招架，有时甚至不能道再见。

于是红衣呆呆立在雪地，望着情冢族人纷纷化身为鸟，发出锐叫，一个接一个，振翅飞去云端。

她又几番疑心这是个梦，就从地上捧起雪来揉一揉面孔跟眉目，待她终于清醒，又叫初时的名字，但是没有人应。四下空洞，惟有光，惟有雪，惟有翅膀带来的风仍回旋不已，还有鸟羽，正如雪片般坠下。

这就是结局么，红衣心中一恸。恰有极细小一枚羽毛正徐徐坠落，她便伸手将它托住，其时只觉掌心一热，烧灼般烫起来，羽毛已不见，留下一痕浅淡的羽毛形状的印子，好像文身。

每年第一场大雪那天，地下之城情冢顶部会得骤然裂开，其时天光与大雪一并倾泄而下，剧烈的光明里，情冢之人随即化身为鸟，在深渊和旷野上空惊狂地飞行。

它们在尘世炫耀，以不属于人间的洁白，以至于见过它们的人都以为看见了幻象，不能相信自己的眼睛。

一旦它们现身，普天之下的情伤与情恨便聚集为凡人不可目见的黑云纷纷奔赴。

群鸟撕扯并啄食这黑云，同时因为它的苦涩，而不能再发出啸声。一日一夜过后，黑云将被吞食殆尽，这时鸟羽悉数转黑，鸟群疲惫地盘旋，雪停时堕地死去。

这种鸟的存在，维系有光之国不因伤痛仇恨而崩毁，而且令世人能够相信尘世中最美好的东西仍是感情，故此，在上古时期，相信万物之间善意联系的有光族人曾给过它们一个名字，叫作情枭。

情枭的尸身堕地后便化为水，渗入幽深的地底，再世为人，并且，对前世不复有记忆。

你能够相信并且承受吗，如果我把这个故事真正的结局说给你听？

那一天郑红衣在地底又等了很久,其实好不好算是等待呢,只是初时走后她便一直渴睡,有时一觉醒来听见呼吸撞在四壁都有回音,寂寞得简直令人胆寒,这样便又接着睡。

后来她就听见近旁渐有三三两两的脚步与交谈,其中一个女子声线喑哑如巫,她记起这女子是叫作花明,曾医治过她并且抚过她的发,她便出声问,"花明,沈初时在哪里?有没有与你一道回来?"对方却陡然静默了,只是靠近却没有回答。

黑暗中,人群慢慢围拢来,没有声音甚至没有风,红衣这才有点害怕,往后退,才知身后也站着人。

那是一个男子,正将手臂徐徐环上她的腰,又向她低沉耳语道:"异族女人,不要害怕,你的骨与发将留下,而灵与肉将会在落雪的日子随我们飞去天上。"说完,他极短促地笑一声,分明是初时。

然后他们,吃掉了她。

时为阴历十一月二十四日,冬至。

这就是为什么,在每一场感情结束之后都要尽量做遗忘得比较快的那一个。

如果一时无法遗忘,那至少要学会,先转身走开。

几易昼夜寒暑,再回首人间已是四月,微凉起风,午后静谧的房间，正有细弱女婴睁开了眼。

伊瞥见枕边有树影投下光斑随风晃动，十分稀奇，弯起眼睛"咯咯"笑，并且张开小手去捉，以为那是个活物。

这时你便会看见她掌心有一道红痕状如鸟羽，不过，呵，那是另一个故事了。

黑暗：写在《情冢》之后

非常艰难，我是说《情冢》的书写。

因为这个故事大多发生在绝对的黑暗里，黑暗到我无法动用视觉。

好比说，我不能描写一个人"黑眼睛亮如星芒""笑起来耳铛有情致地晃三晃"，或是"足踝细幼如鹿轻捷如豹"。

我也无法叫我的男主角"转头凝望女主角的面孔，看见她幼兽般天真的神态和嘴角一抹古怪的微笑"，于是他发现自己爱她。

乃至眼神、视线、表情、举止、时间、色彩还有光影都不可以轻易提及。

而所有这一切当中最令我难忍的，是我的主人公甚至不可以吸烟。

长久浸淫于视觉中心主义，描述色相，一向是我们的专长。

然而倘若放弃这些，让过去好不容易与之熟悉的一切都化为乌有，书写会是怎样？

当一个人不再是他的形体，而被拆分为他的声音、温热、鼻息、触感和力度，那么，我们的爱意是会多一些，还是会少一些？

如此，实验性质地写至一半，曾因诸多原因停手半月，直到六月初才又接着动笔。然而无论如何，我们都回不去五月十二日大地震之前的心情了。

很难。从未如此明白书写之艰。

但是这一夜独自喝了很多酒，整个人间都与我若即若离，浮浮荡荡，好似游戏一般，酒精令我从内而外松弛，于是写完了故事的后半段。

所以这一则故事与其说是记录了我的念头，不如说是记录了我的醉意，如此而已。

《歌岛》《情冢》，乃至接下来的这一整个系列，都有点诡异我知道。

书写诡异令我深感愉悦，就好像是在从体内释放掉它，之后它便不再困扰我，至少短时间内不。

　　写罢它最末一字我便走去窗前吸烟，唱机音量拧高一些，莫文蔚《情人看剑》，突然想起端午将至，真是夏天了。
　　樱桃就要过季，而杏与枇杷已经上市。
　　天地不仁，无常至斯，可以于刹那间山崩地裂，事后，太阳照样自东方升起自西方落下，而春与夏与秋与冬，仍要周而复始地来临。

　　无情与不朽，此二者之间，常有微妙关联。

2008 年 6 月 6 日

梦土

题记:你要铭记,并且印证,宿命的不可抵挡。

在北方,沈初时老得很快。

他的头发在一冬之间变灰了。

那一年不太平,北方渐渐开始有战事,于是他只身往南方去。有时,在平直的高速公路上,彻夜疲乏的驾驶当中,他茫然望着车窗外烽火连天的尘世有多狂乱就有多平静,像个局外人一样,他会想,世界这样乱,沈初时再也找不回他的妻了。

这是他的妻失踪的第六年。当思念变成一种义务。

有一夜天际线垂得很低,夜空是青苍苍的黑色,风吹云动,星月俱灭。

沈初时驾车下了高速路,在附近的郊野找了避风的位置停下,困倦难当他爬去车的后座,望着窗外林木枯枝间晃动的风影，很快就睡着了。

不料夜半来了一群逃避兵役的少男少女——时代造就的吉卜赛人。他们开一架破旧的敞篷小卡，车身以荧光笔涂着反战标语"MAKE LOVE, NOT WAR"。懵懂中，初时听见他们生起火来，笑闹成一片，继而调情，在灌木的黑影里发出呻吟尤其放浪，好像反战给了做爱一个好重大的理由。但其实做爱何须理由？

终于，他忍不住拂去车窗上的水雾，窥视不远处那律动不休的肉身，心中一颤，反抗是多么苍白而惨厉呵。也曾青春无敌的沈初时，于这流亡的路上幡然悔悟了：尘世间，做爱并不比战争更有意义，如果一定要寻求意义的话——凡依靠意义为生的人，最终会因意义而死亡。

不久，有人来敲他的车窗，邀请初时加入。他没有拒绝。

在享用过他们的酒、大麻和女伴，享用过斑斓的幻觉、缤纷的情欲以及情欲退潮时虫噬般侵上的孤寂之后，沈初时为年轻人留下一些水和食物，在清晨的浓雾中独自离去。

沈初时是个生意人，战事开始前他在北地经营一间家具店。

后来店面给乱军放了火，烧为灰烬。他逃出来，穿着睡衣裤披着一条消防警给他的薄毯。某一刻，他发觉他失落了他的婚戒，但内心却没有焦灼。木然站在对街望着窗口舔出火舌气焰越来越高，这样沈初时就明白，离开的时候到了。

事实上他并不惊奇当他发现自己的心已经给不出爱，也给不出眷恋和感伤。他只是一再地想着，离开的时候到了。

那天早晨的雾气很怪，浓，稠，始终不散。

沈初时停了车，放低车窗探出头去，凉森森的空气立刻涌入鼻腔，冷而刺激。周遭却再也见不到车、路灯和加油站，什么也没有。下车走几步，也不甚落实，似踏在云上。初时心下一空，忙求救般回顾他的车。只见车灯的锋芒已给雾气涸开，变得极淡极轻，一如星辰之远，一如水花之温柔。他又疑心是在做梦，掐自己的手背，发觉有痛，又掐自己的面颊，也有痛。是的，他醒着，在这里，但世界，不见了。

啊无所谓，初时抽着嘴角一笑，那么来吧，虚空之中有无限可能。

于是他回到车里，发狂般踩了油门，以上百码的时速在雾中穿刺，他似听见耳畔噪起一潮一潮暴烈的鸦叫，后来才发现那是他自己的笑声。

这样，当沈初时驶出无边的迷雾，活着，没有死，他竟毫不掩饰地失望了。

接下来，在日光令双眼几乎盲掉的刺痛当中，他看到了梦土。

——梦土悬浮而破碎的国境。

土地如同浮云，裂成不规则的巨大的一片一片，高高低低，随风漂流。空气中暴露着乔木灌木的根茎，房屋的地基，泥和岩石，不羁而狰狞。

梦土是碎片之国，庄严而空幻地存在，在幽寂中浮荡，千年又千年。

自此，沈初时弃车而行，往梦土深处停停走走，直到第三个黄昏，方才听见人声。

极沸腾的人声，还有，极暴烈的火光。

而于初时，依然暗昧。

他心知这是一处异境，遂尽可能坦然地往前走，却在人群中瞥见一张脸。

那脸上涂了血，干后结成紫血痂，见初时在看，脸的主人于是莫名地一笑，血痂骤然裂开，蛛网般织在脸上，又像是闪电的撕裂。初时便觉十分恐怖。惶然四顾，方觉这里的人，每一个，脸上都有一种疯相，一种近乎狂人的表情。

忽有人来扯他的衣袖："喂，瞧我这件衫，"说时扬起手中的绿斗篷。

初时闪身避过，才见那斗篷乃以一方一方青蛙皮织就，黏腻可怖。而那人手中捏着针线，肩头搭着成串的蛙，血肉模糊的细小裸身，没有皮，活着，一息尚存而犹自挣扎——反抗是多么苍白而惨厉呵。

沈初时仓皇跌走，到墙角，干呕不休。尘世乱局中数十年的历练，到今天，全部荒废。

他曾以为他已见过最坏的，呵，那不过是因为他尚未见到更坏的。

一回头他就看见了那个女郎。

红衣，赤足，黑发垂落至膝弯，眼睛很深很暗，形状像橄榄，肤色如蜜，有蛮荒之美，一个黄金女郎。

她在人群中起舞，手执一面青铜铃鼓，依节进退，脚步轻捷如豹，腰臀款摆却又艳媚如狐，像跳恰恰，漫不经心地引诱，而她的舞伴，竟是一匹狼！

这时就下了雨。雨水溅在她裸露的蜜色的肩头，起了一小朵一小朵的蓝火。

初时望着她，心中一时晦暗不明，不知为什么忽然以为，在遇到她之前，他的存在没有意思。

女郎也看见了他，眼神一顿，陡地笑了。

她拨开人群，走近他，拖住他的手，她的手滚烫，如攥着火焰，她说："啊，你来了"，像已认识他很久。

如果你还不曾了解梦土的族人，那么我就无法向你解释梦土是何等癫狂的国度。

他们是蚩尤的后裔，彪悍，骁勇，肉身曾以黄金锻造，永垂不朽，地老天荒地存在，千年又千年。因而在梦土，死是最大的耻辱，是耻辱中的耻辱。

同时，他们恐惧睡眠，不到万不得已绝不入睡。而在醒时，他们就竭力挥霍自身的狂暴，在现实中实施所有可能的梦境，否则，这种狂暴就会潜入睡眠，造成梦，而梦就是死。

——一切都始于洪荒之初的那个诅咒：梦土之人不可以有梦，一梦而亡。

女郎的房子建在江心一处危崖之上，没有桥，她从江面上走过去。

江水浊而怒，初时下意识扯住她手臂："会死的，"他说。

女郎朝他眨一眨眼，轻佻而冶艳，"咦，你关心我？"初时慑于她的媚态，一时竟说不出话来。她却又道，"初时，我们是不死的，我们只会被梦吞噬。"之后她不再理他，自顾自走去江上，如履平地，红裙扬起，如焰，如帜，极为辛辣热烈。恰是日与暮交界的狗狼时刻，远方有群鸦归来，盘旋。那女郎在江中略站一站，姿态倨傲，像王者临幸她的国。风扬起她的发，猎猎扑动，令初时想起飞鸟之翼，他却说不出她是鸽子抑或是鹰。

远方闪了电,山的背面滚来雷声。

女郎开始奔跑,身后浊浪排空,脚步带来风暴。于是沈初时明白,她是闪电般的女郎,但比闪电持久。转眼她已抵达。

初时忽听见幽微如叹息的女声,"初时,你来。"片刻之间,他已站在她的身畔。

晚餐是红菜汤,乳鸽肉,还有蜜桃和酒。

初时饿坏了,吃得很贪婪。女郎却不太吃,也不说话,只歪着头拨弄她的手镯,有金有玉,响声清脆。

待他终于餍足,女郎便向他摊开手,笑问,"你可以给我什么?"

初时一怔,耸耸肩,"我已一无所有。"

"我的每一个客人,都给我一样东西作纪念。"是的,这里四处散落来自尘世的遗物:珐琅胸针,翡翠烟斗,皇冠,瓷器,宝石,匕首,枪和书,甚至 Beatles 那张销量惊人的白色专辑。"那顶皇冠属于一个女公爵,"女郎随手往架上一指,"为了得到它,她毒死了她的父亲、兄弟和两个侄子,放逐了一个深爱她的男人。她终生未嫁,也没有子嗣。她到我这里时非常憔悴而悲哀。我没有见过比她更想死的人。那把匕首属于一个西班牙人,刀柄上刻着石竹花和他未婚妻的侧脸,后来他也是用这匕首杀了她,因为她的不贞。而这本书……"女郎突然住了口,不再把陈年的故事讲下去,只道,"你呢,沈初时,你给我什么?"

于是初时摘下他的手表。一只劳力士蚝式表,是结婚周年纪念,他的妻送给他。可是自他踏足梦土那一刻它便不再走动。"就连时间也抛弃我",这手表令初时觉得冷并且觉得孤独。

他早已是一个倦怠的人,不耐烦还有那样多的日子要过。而此刻他的日子到头了,人却没有死——多么恐怖。

这样想着,他就把手表递过去,女郎却不接,只漫然笑道:"这个,我已有太多。"

啊是吗,那么你与那些手表的主人,曾有过怎样亲密的授受?是否你看着他们的眼神也与此刻一样,蓄意地,挑动他们的情欲?初时无端地,竟吃了醋。其实她跟他又有什么关系?

可是眼前的女郎的的确确,令他衰朽的心再度懂得惊悸。

如果说人在日子的尽头必须做一件重要的事,那么,初时觉得自己,必须爱上她。

"你给我什么?"女郎仍在追问,已经不是为了答案,只是为了,戏弄他。

"我给你一个名字。"初时想,如果她拥有的已是这样的多,那么至少他还可以给她一个名字是独一无二的:"从今天起，你叫郑红衣。"

女郎听了眼神一暗，垂下头去不再说话。

良久良久，又扬起脸来，依旧漫然一笑，"好呀，"她说。

当晚初时就睡在沙发上，壁炉里燃着火。

至夜半忽被人声扰醒。睁眼只见一个男人正站在红衣床前，看不清面孔，但初时看见火光投射他的阴影极大极大，动荡地布满整个房间。

"为什么没有动手？时间已经到了，"那男人问。

红衣却嘻嘻笑着从枕间坐起，胸前掩着半扇血红的裙幅，"你来这里原来不是为了我，倒是为了不相干的人。"声音沙哑而柔媚，并且初时看见她金色的小腿，正阴谋般延展，缠绵住那男人的靴，那男人的膝，然后向上，向上，持续地，邪魅地，攀援。那人便不再说话，房间里回荡他的呼吸，像涨潮。初时相信他和他自己一样，受到情欲的蛊惑，脑中已不再有意识。

空气是在这一刻变得寂静而凝重。那是情欲的重量，沈初时想。

后来他就看见，在夜色与火光的夹击下，红衣的身体不断地向后弯折，每到他以为是极致的时候，她却还可以再往后折一点，再折一点。那样纯粹的堕落和屈从呵，对肉体，对原欲。陡地，她像是再也无力负担，弓一般的身体猛然反弹，伏向她身下的那个男人，是征服也是臣服。男人失控地呻吟出声，该刹那，红衣笑了，笑起来嘴角像是有血。沈初时就是在那一刻，洞悉了她的凶残。

然而，仅仅是借由观看，他已仿佛体会到她幽暗的极乐，体会到她金色皮肤下秘而不宣的疯狂。

于是，猝不及防地，沈初时浑身一凛，头皮瞬间缩紧随即传来微微发麻的快感，不可告人的快感，就像，射精。

这幢房子所在的山崖极险，崖上遍布白色怪石，满目荒凉，寸草不生。

江风啸起，激荡极强烈的，水的腥气。

初时记起昨夜的窥视，心境上很尴尬，茫然走在风中，却也不由得将身上的大衣卷紧一些，一面又想，女人不应该住在这样的地方，毕竟是，太狰狞了。

这时，他就看见了那具尸。

尸身全裸，横陈在一堆乱石之间，距他不过五步，金棕色的肉体紧致而完好，长发披离，是个女人。初时一惊，但却站在原地没动。自从来到梦土，他竟也学会了接受一切不寻常的事。

"那是我的母亲，"闻言，初时这才一个激灵，回头只见红衣站在不远处，裹着一条矿灰色的毯，裸着肩膀，面色平静，却有难言的耻感一闪而过，她接着又道，"很久以前，久到我已不能记认的有一天,她被梦抓住了。"

初时急回身去看,只见那尸身的小腹果然正微微起伏,仍有呼吸,她还活着!

他舒了一口气:"她只是睡着了,没有死",他想这个情形也许就好比植物人。

红衣眼神定定看着初时,嘴角抽动,似觉得苦涩,"你不会懂的初时,"她说,像是倦极,手指揉了揉额角,"我们一旦被梦俘获,就只有消失一途。梦一结束,肉身随之消灭,像从来没有存在过一样,"说着她已转身往回走,"我母亲在这里,已有上千年。消失只是时间的问题。"

——梦土的族人是不死的,他们只会被梦吞噬。梦境或长或短,也许一夕一刻,也许千年万年,结果都一样,他们最终都不会醒来。

"可是至少,应该让她在床上死去。"

"呵,那是你们的死法。对于回到天地当中,我的族人有更纯粹的方式。"

梦土之人,肉身刚健不朽,几近永恒,却又如此脆弱,竟敌不过一梦相侵。

初时想,他并不羡慕他们。

"究竟是什么令你们发梦?"初时忽然问。他想这个族群其实已近于神,但他们的阿基里斯之踵,实在是,太莫名了。

"妄念、无法挥霍掉的狂暴、过剩的想象力，归根结底，是意志的薄弱，"红衣说时撇了撇嘴角，语气极为轻蔑。

她又接着说道："但是，这都无法解释我母亲的梦。我的母系血统极为罕有，我们世世代代都是梦土的族巫，拥有族人当中最为强健的心智，负责维持族群精神力的平衡。直到此刻，我的母系血亲也几乎全部在世，其中有一些，是从蚩尤的时代一直活到今天。只有我的母亲，她再也不能睁开眼睛来看我了。初时，为此我感到耻辱，还有，恐惧。"红衣微微侧转了身体不让他看见她的脸，但初时知道，她在流泪。

黄金女郎也会哭泣。因为宿命的无常和幽暗，生命，无论是哪一种生命，都有机会体验卑微跟软弱。无一例外。无一例外。

初时轻轻捉住红衣的手腕，将她拉近他，而她没有抗拒，顺从得几乎像是一个妻子。他的内心安静极了。她是黄金女郎，但比黄金温暖，亦是闪电女郎，但比闪电持久。他抱着红衣，深深叹了一口气。抱着她这个事实本身，安慰了他所有的孤独。

然后，他吻了她。

——不是出于情欲，而是出于某种久违了的寂静和温柔。

那是一个晦暗的清晨。

在初时怀里,红衣仍抖得很厉害,啜泣很久,像走失的幼兽,而此前他不知道她是这么薄的一个人形。他抚着她的发和背脊,一遍遍叫她的名字,"红衣,红衣。"她所拥有的已是那么的多,只有这个名字,是他送给她的。崖头的风猛烈而强劲,初时想,他可以一世就这样抱着她。

突然,红衣从他的怀中抬起脸来,头发很乱,潮湿地黏在面颊上。但她的双眼又灼又亮,安静而疯狂,她对他说:"初时,我的母亲,她之所以发梦,我相信是因为……"这时她却又停了,黑眼睛看着沈初时,几乎看得他痛,看得他只好避开了目光,望向极为浊重的远方天空,那里正有一只白鸟缓慢地扑翼飞翔。

红衣叹息,一瞬间已离开了初时的怀抱。

再看时她已到了江心,倏忽远逝成一个灰色的浑浊的点,惟空气中回荡她的气息和声音,她说,"是因为,有一个人给了她一个名字。"

自此红衣就失了踪。日升日落她都不在这里。

沈初时想念她,想念得厉害。但他所能做的,却也无非是睡睡醒醒,饥饿时煮一点东西来吃,并且把Beatles那张白色专辑听了一转又一转。在寒冷与沉寂的空气里,听这样的音乐,等一个也许永远不再出现的人,沈初时的心,渐渐皱成一团。

Half of what I say is meaningless, but I say it just to reach you, Julia.

Sleeping sand, silent cloud, touch me, so I sing a song of love, Julia.

这是列侬写给洋子的情歌。1968年,她是他的茱莉亚。他的茱莉亚是寂静的云朵,是沉睡的沙,长发闪亮,笑起来的样子像风。十二年后,列侬遭枪杀,扑跌在地。而当时他身旁的洋子所做的第一件事,是用相机拍下了他碎裂、染血的眼镜。

一个强悍的女人,强悍而冷酷。因为她知道,他的不朽比他的死更加重要。

这个故事,讲的是不朽与冷酷之间的关系。

有一天黄昏下起雪来。

初时站在窗畔,望向江岸那一处甚嚣尘上的所在。隔着细细密密落下的雪,他几乎无从辨识出它的妖异跟绝望。时间在沉静中溃烂,他已不记得日子。

这时壁炉中忽然起了火。

他转头去看,见是红衣,样子很疲倦,手撑着桌面站在那里,她的嘴唇紫色而妖冶。

初时的心陡然敞亮,轻快如有千只白鸽振翼,他走过去,口中一面道,"红衣,昨晚我梦到你。"

但红衣却不说话,火光腾起很亮,她的面孔愈加黯淡,她说,"初时,为什么我想起你的时候,心会痛?而当我来见你,却感到欢喜和轻盈?"初时听了,心中酸楚喜悦。他展臂抱起她,抱离地面,转了一个圈。后又拥着她,将面孔埋在她的发间。他嗅着她,如嗅黑色的玫瑰。他想,有一天他会说给她知道,这些疼痛、欢喜和轻盈有一个统一而固定的称呼叫爱情。

是在后来才发现那枚钻。

那是红衣肚脐上镶着的一枚粉红钻。

火光一跳一跳,不住跃动,那钻石像一滴血。

初时一再地看它,抚触它,记忆涨潮般无休止地湮盖。直到他终于,认出它。

"你看,它的色泽较其他粉红钻为深,这就是为什么他们给它一个名字叫耶路撒冷的蔷薇,"把钻石转让给他的犹太男子是这样说的。二十年前,沈初时二十三岁,他觉得这颗钻石,用来镶嵌他妻子的婚戒。记忆卷起海啸,他陡然记起所有他在尘世的日子——这是他的妻失踪的第六年。

沈初时找到钱夹,取出一张相片拿给红衣看,"你是否见过这个人?"他问,"你是否见过她?"

红衣忆斜了眼睛,眼风从相片上一扫而过,口中只说

"没见过",说时脸上浮浪地一笑。初时知道她在说谎。

"她来过这里,对不对?走时留下一枚戒指作纪念,是不是?"初时攥住红衣的手腕,发急了,粗声问,"之后她去了哪里?你告诉我。"

壁炉里的木柴忽然"噼啪"作响。

红衣缩了缩身体,从地板上坐起,静静看着他,像从来没有认识他。

初时恼怒至极,往事又逼迫上来,他愈发不能忍受红衣的目光,她看得他好痛,于是他扑过去,以一只手捂住了她的眼睛。她真令他疯狂。他的臂上残留她的齿痕依然新鲜。片刻之前,这齿痕曾刺激他,带他去到情欲的高处。电光石火,他记起了红衣的凶残。记起她漫不经心地引诱,邪魅而不可抗拒,可是她笑时嘴角仿佛有血。

"你把她怎么样了?"初时伸手卡住红衣的脖子,逼问她。

水晶台灯翻倒,白水晶极琐碎剔透地落了一地。

天旋地转,他又望一望周遭璀璨的尘世遗物,皇冠,匕首,瓷器和钻石,他无法控制自己于是又问,"你把他们怎么样了?"

女娲抟土造人之后的一千年里,尘世和梦土之间曾有过三场空前绝后的战争。

最后一战，梦土一方节节败退，战火焚毁了梦土整个国境。正是从那时起，梦土不再与尘世接壤，它的边境线土崩瓦解，碎成一片一片。此后，梦土彻底悬浮在了虚空当中。

就在获胜当天，尘世之人对梦土进行了一次惊心动魄的屠城。

烧焦的尸体充塞了整条护城河，血雨足足下了百日方止。

之后，双方订了约。

战败的梦土永恒地割让了全体族人的梦境。

但是，尘世也要付出相应的代价，因为他们屠杀的，乃是神的后裔。盟约里说，尘世每隔两千个日落便为梦土奉献一名人牲，这是梦土最朴素的索取。

"初时，我是世袭的族巫。依族例，每隔两千个落日，要由我喝下一个尘世之人的心头血。"

沈初时听了，体内也不知是哪一处起了一阵揪痛，低垂着头，无法再看她。

呵，原来她是一个妖物。痴缠枕席又怎样？红衣毕竟，非我族类。

红衣走去酒柜，行动时带起的风也令初时觉得惊动。她倒了小半杯琥珀色的威士忌递给初时，他轻轻摇了摇头，红衣遂自己喝了，又道，"在神前订下的约，世世代代不可更改和违背。如果仪式不被执行，神就会降罪。"

"可是如果那一天没有尘世的人到来?"最初的震惊过去,初时终于懂得发问。

红衣的脸在阴影里,声音又静又暗:"一定会来的,因为这是尘世跟梦土的约。而对你们每一个来到这里的人来说,初时,你一定知道有一种东西叫做宿命吧。"

在来到梦土之前,沈初时是一个无所恋慕的人。

尘世间正在发生战争,每一分钟都有人流血、死去,而他流亡到了梦土,迷惑而失重,来送死,来爱上一个女人,只因他觉得在尘世中所发生的一切都没有意义。或者,这就是他的宿命吧。

天色已经幽暗。炉火轻轻爆裂。窗外大雪,无声而隆重。

"呵,你知道怎样取得那血最好?"红衣问。

她席地而坐,屈起一只膝,面孔倚在膝头,神色憔悴,手指梳理她长及脚踝的黑发,一下一下。初时想,红衣这样子真是稚气,几乎像小女孩子。

"要豢养他们,让他们感到松弛、安全。然后,在最惬意时砍下他们的头颅,并且立刻,剜出他们的心。那一枚滚烫的,尚在搏动的心器。心属火,需以极利的竹刀剜出,方能鲜活。切忌惊吓他们,否则胆会破裂,胆汁侵入心脉,血会发苦。"她仰头将杯中酒饮尽,舌尖舔一舔嘴角,似有回甘。

初时骇笑,其实他不想知道得这么多——昂扬一刀杀来,好过以细节逐寸凌迟。

这时初时忽觉眼角一跳,外头火光纷扰而至,一时间雪野亮如白昼。

望出去时,见黑压压的人潮正汹涌淹上,各各举着火把,寂静而疯狂。

红衣遂起身开了窗,雪风旋转着扑至,扬起她的发,如焰,如帜。她走去积雪的露台,神情倨傲。

初时见她赤着一双脚,一踏进雪里,雪便如遇火般化了。

她真热,但不会比情焰更热。

人潮当中,有一人铁塔般出列,背光,看不清面孔,但初时看见火光投射他的阴影极大极大,动荡地布满整个雪野。啊,他见过他,就在初来梦土那夜,他听过他的呼吸,在情欲的催动下,就像涨潮。而这时,来人正对着红衣说,"请立刻动手。你已迟了十个日落。罪已经降下了。"说时,闪身至一旁,众人随即分开,让出脚下一具一具金棕色的肉体,成百上千,列如战阵。

此前多少癫狂,意图逃出劫数,然,一梦袭来,都是徒劳,宿命的面前,纷纷败北。

初时见之骇然，虽然明知他们没死，他的心仍然感到沉重和苍凉。

那铁塔般的男子一身重铠，在火光当中炫耀如神，他声如洪钟，又向红衣斥责道："被梦俘获的人，从来没有这么多。他们消失的速度，也从来没有这么快。"初时这才注意到，是的，那些肉体正不断消失，相继在雪地上留下一个一个浅淡的人形坑陷，并且，这些坑陷在转眼间便被大雪充盈，像从来没有存在过一样。

诸法空相，竟彻底如斯。

人群里哀声四起，轰响成极浩大的一片，好似一头洪荒巨兽，屈辱而负痛，受了致命伤。

"是因为你已不够强大，不够笃定。你软弱，动摇，意志不坚，为了一个祭品，一个低劣的异乡客，忘记本分和职守，令合族之人神思动荡。现在，为了根除此患，你必须立刻杀了他。"说罢，那男子跪下，膝行向前，对红衣呈上他蓝隐隐的佩刀。众人也随之跪下，黑压压匍匐了一地。

大雪浩然扑落，周遭隐隐传来江涛，寂静而疯狂。

是这样沈初时才明白了，自己在此地的朝朝暮暮，一旦一夕，都是以红衣族人的疾速消失为代价——他杀了人，而凶器竟是他的"存在"。从不认为他的存在，竟是这样的罪恶。初时在心里喊，不如杀了我。

红衣像是听到他的心，猛回身望向他，双眼深暗，如有铁锈。

风势陡起,又狂又烈,扯动她红裙黑发皆纷乱如云。

初时看她,方觉她此刻彻底地是一个巫——在嗜血和野蛮的深处,有一种地老天荒的悲哀。

"呀,看!"众人里不知谁惊叱一声。

于是所有人都看到了——崖头的乱石之上,正火速地生出一树桃花。

那树粗野而势不可挡地长将出来,开枝散叶,如火燎原,豪奢已极。

而初时记得极清楚,那里,原是红衣母亲的所在,她躺在那里入梦,已有千年。

红衣偕着初时,片刻已到树前站定。于是她还来得及明明白白地看见,树正是从她母亲的肉身上长出来。它愈发鲜明,而那具肉身则愈发灰淡;到它终于长成,红衣的母亲就彻底消失了。

只是一刹那的事。

其后,红衣茫然望定树的根部,喃喃自语,声音低不可闻,"啊,这样就没有了。"初时知她难过,遂紧紧握住她的手。

但那桃花真是个石破天惊的异数。

众人仰望,仰望到几乎跌倒,方才得以见到树顶高耸,直入有雪片坠下的夜空深处。其上桃花千红万艳，静定，明媚，繁丽而且强壮，兀自在大雪当中开得宝光流溢。明白宣示，它来了，并将千秋万载地存在下去。

太过分了。

过分华美，过分明亮，华美明亮得（初时暗想）几乎像是，一个讽刺。

"这棵树是从梦里长出来的，"族众倏忽醒悟，惶然退后，于七、八丈外站定，彼此私语，"不要触碰，不要接近，它来自一个梦。它是神降的罪。它是有毒的。"

红衣却抚着树身，很低地叫了一声："妈妈。"

继而侧转脸对住初时一笑，"我的母亲曾藏匿一个异乡客七七四十九天，之后仍不得不杀了他，剜心，饮血，完成祭祀。当夜，她对我说她好疲倦，之后在祭坛上睡去，从此没有醒来。那个异乡客，初时，他给了我母亲一个名字，叫做花明。"

其实并不难懂，红衣的母亲手刃爱侣，之后陷入梦境，把哀恸和罪恶幻化成这一树桃花，炽烈，挑衅，开给她的族人看，她的不懂得爱与死的族人。

一千年有时可以很短。在梦中，那不过是一树花开的时间。

初时想，这个过程，一定令红衣的母亲很快乐。

"神动怒了,"又是那铁塔般的男人率先发难,"因为你不肯杀了这个人。"

人群不语,似将话语的权力都交付了那个男人。而他们只是默默矗立于四周,黑眼睛很静很静,望着红衣。一种半兽的状态。初时只觉毛骨悚然。

"我为我的族人做过不少事。只有这件事,我没有办法。"红衣摇头,面孔上带着一种无法无天的神情。但初时分明感到她的手极剧烈地颤抖。她正在背叛她的族人,她害怕,却仍竭力维护他。

沈初时的心一时间非常幽暗又非常温柔。"我爱的人也爱我,"他想如果这是他的宿命,那么他很乐意接受它。

大雪依然下个不休。空气很重很静。

雪地里忽如闪了电般,蓝光一动,那铁塔般的男人已晃至眼前,口道:"那么,让我来",说时已将刀锋喂向沈初时胸口,一痕钢蓝,裂裂如电光石火。而初时不避,反挺身向前受死。却是红衣侧身抢过一步,左手握上刀锋,"我不许你杀他。"而那人收不住刀势,劲力仍然前吐,刀锋从她掌中割过,极深极深,之后徐徐贯入她的左胸,发出微不可闻的一声,"噗"。

初时低呼,出手相扶,而众人依旧寂静,眼中流露嗜血的甘甜。

红衣扭身对初时道,"我不许你死",说时脸上带笑,语气很软，像小女孩子撒娇。初时不知所措，只道她没事，便也对她笑了。

一切都发生得太快，快到血还来不及流出。

直到红衣拔出那柄刀，鲜血才漫上她的红裳，却像是一滩水迹，迅速扩散。她低声念动咒语，一时野风大作，吹动血珠飞溅至半空，继又和雪降下，漫天都是血雾。只不过是一眨眼的工夫，她和初时就被卷在一团血光里。

天旋地转，很快又复平静，再看时不知身在何处。

雪已停了，雪野中一片空茫。四下无人，天空中有一轮极大的红月。

"好了初时，"红衣苍白着脸一笑，惟左腮仍有几点残血，"我施了一个血咒，从今以后，我的族人再也无法看见你，再也无法伤害你。"她与她的族人彻底决裂了。

初时心里难过，说不出话来，只是紧紧握住她的手，并且头一次，感觉到她不再炽烈。

之后，红衣在一处雪窝睡下，侧身，白雪掩住她半边面孔："血咒是最高等的咒语，太耗元气。现在，我要睡一会儿。"她阖上了眼睛。

"可是红衣，我还没有告诉你关于爱情的一切。"初时突然觉得不祥而且觉得孤独。他拼命搂紧她的身躯，并将她的左手贴上自己的面颊。那只手上已经没有伤口，也没有血——郑红衣是黄金女郎，肉身不伤不朽，地老天荒地存在，千年又千年。

"嘘——不用讲。爱对我来说，初时，就是你的样子。"

红衣像是累极了，额头抵在初时的肩窝，黑眼睛缓缓眨动，轻轻说，"对不起初时，我好倦，让我睡吧。"这样，红衣就睡去了，再也没有醒。

世界是这样的。没有悲悯可言。

有人泅渡过欲望、幻觉和意义的废墟为自己寻获一个爱人，后又无能为力地，失去了她。

事情总是这样的，没有悲悯可言。

七日之后，沈初时抵达梦土的国境。

"红衣，我们离开这里"，初时叹一口气，低头看了看红衣的脸。红衣正在他的臂弯中熟睡，面孔依然生动，长睫覆着双目，随呼吸微微颤动，像是随时会得张开眼睛。曾经盛放的，此刻正以迟缓的、肉眼不可见的速度萎败。

初时渴望知道她正做着怎样的梦，正被什么样的梦境吞噬。

并且无论如何，这将是他们在梦土的最后一夜。

然而一觉醒来已不见了红衣——在她身体的余温里，静静躺着她的衣裳,那样一种腐败的红色,其上有残血的旧迹,缠在一处,浑似蛇蜕。

"啊,这样就没有了,"初时心中一恸,伸出手去抚触那一小块空虚。

他忽又想起阿兰·德隆离开罗密·施奈德的当天清晨,他留在她枕边的那一支黄玫瑰。这世上有很多道别,没有说"再见"。

但沈初时已太疲惫了,不再有悲伤的力气。

令他感到痛苦的仅仅是,与同一个爱人要有两次诀别。梦土实在,是一个很残暴的地方。

这时那堆衣裳忽然拱动不已,不一会儿,从中手脚并用爬出一个幼儿,咯咯笑着,不过三四岁,眼睛很黑很深,形状像橄榄,肤色如蜜。见到初时,他便挥动肉乎乎的小手,口中咿呀儿语,要人抱。

一时间初时又骇又喜,竟不知如何是好。

这个孩子分明是红衣所造,为了与初时相见,他僭越了梦与现实的边界。

初时拥住孩子极柔软极细小的身体,俯身的一刹似听见红衣的笑声,并且,从孩子的衣襟间掉出一封信来。

在逐寸亮起来的天光里,沈初时展读这封信。四周起了雾。

初时：

只有当我已不在了，你才能看到这封信，但是不要悲伤。因为悲伤也没有用处。

你和你的族人出于对死的理解而理解一切，而我和我的族人徒具肉身的不朽，却在有生之年，长久地为精神所困惑。直到现在我才明白了，对我们来说，梦是救赎，而决非堕落。呵，你看，恐惧是多么无谓而且徒劳。

事实上，在梦里，我能僭越一切，成为一切；我能僭越时间，成为时间。片时即是千古，永恒与一刻没有差别——从来未曾试过如此自由。

我在梦中怀孕，随后在一个春天的雨夜生下我的孩子（我们的孩子）。我决定让他有你的灰头发，而眼睛的形状要像我，他手脚长长要像你，蜜色的皮肤像我。初时，也许你不会相信，但我的确曾经感到，女娲抟土造人的快乐。

和我的母亲一样，像是一种本能，我知道应该如何抹杀梦与现实的边界，将梦境中最后的成像送到你所在的世上。剩下的事情变得简单，我带着我们的孩子来到我梦的尽头，在这里我将消失，由他取而代之。代价是，我的不存在将比我的族人更为彻底：不再存在于任何地方，现实或梦境，换言之初时，今后将来，你甚至永远不会再梦到我。

一想到这一点我就感到痛苦，而我已决心承受它——我不是一个善于承受的人，但为什么我要做这样的事？

答案是唯一的。

初时，我爱你，千真万确。

梦土的国境线近在咫尺，悬浮、破碎而不失庄严。

沈初时牵着孩子的手向前走，脚步渐渐不甚落实，如踏着虚空。尘世已触手可及。

雾气冰凉潮湿地自脚踝湮没而上，孩子的身形愈发显得微茫，他的手暖暖小小，初时将它握得更紧一些。"我们离开这里，红衣，"初时默道。

当他终于穿越了漫天迷雾，却发现，不知何时，他已丢失了他和红衣的儿子。

手掌依然蜷握，手心依然残留幼儿的温度，一枚轻巧的小手印，但沈初时的身边没有任何事物，那样空无——梦土的符咒坚不可摧，亘古至今，没有人能够带走，幻境的子民。

红衣，对不起，宿命当前，我们到底还是败下阵来。

耳畔忽有极嚣闹的人声，初时急回头，一回头却已跌落。

惊惶之间，他一挣，终于张开双眼，恰见一架破旧的敞篷小卡正风驰电掣而过，音响开很大播着死亡摇滚，车身以荧光笔涂着反战标语"MAKE LOVE, NOT WAR"，其上一众少年男女嚣笑成一团。

他喘息未定,呵,他记得他们,昨夜见过他们。

而此时此刻,是一个极其辛辣热烈的晴天。

初时以手掌抹一抹面孔,才发觉自己一脸都是眼泪。

有太多事情由不得你我,与爱或不爱没有关系。

尘世或梦土也好,反正他沈初时来这世上,不过是失去一样又一样。

曾经轰烈的,后必变得寂静,并且没有证据,也无所谓纪念。一切终将无从说起。

良久良久,沈初时骇笑了——原来那么刻骨铭心,也不过是梦一场。

风骤:写在《梦土》之后

九幽系列的第三则《梦土》,终告完成。

在电脑上敲下最后一行字之后,精神上十分倦怠。

我觉得劳累,疲乏,甚至不想再读这个故事。

事实上,《梦土》早在 2009 年初即已动笔,却只开了个头便停滞下来。

随后开始筹备论文，同时，完成长篇小说《流离火》，那是09年6月的事。

再之后封刀闭关，一心一意做博士毕业论文，直到10年6月。

《叶隐闻书》里讲，"好主意放时间长了，就会有腐味"。

于是在七月，我决定，在这个故事被沤烂之前，重新提笔书写。

不可避免地，在长达十八个月的雪藏当中，故事已渐渐改变了面貌。

而我的生活又增些些跌宕，复杂而苦痛，不足为外人道。

所有这一切，都即时更动着故事的走向，以微妙的方式，决定了它的展开与生成。

一篇小说也是有它自己的命运的。

有时我回思这些年的书写，才发现自己，其实从未停止。

一面应付其他的事，不知不觉也写了这么多。

早几年的《此花下沉》《胭脂老》，接下来《长安道》、《白头书》，之后写《歌岛》《情冢》，写《流离火》，我的小说统统关于一个人如何得不到另一个人，以及，在认命之后,他该怎么办——无望的爱,和它的出路。

我真诧异自己从十九岁到现在,对这个世界,原来竟有这么持续的表达,有这么持续的哀恳。

可是也没有用处。

并且,也没有答案。

已然入秋,北中国正变得敞亮高远。

夜晚渐渐比白昼要长。

风急天高,我连日与朋友聚会、胡侃、吃喝玩乐。北京城最好的时节,豪华而短暂。

最宜出行的时候就要过去,日子将会变得生冷。

有个女孩子写来邮件给我,说,总是女子,对岁月的流逝最感惊惧。

但我渴望冬天来临,这样,我就可以在有暖气的房间里,开始九幽的第四则。并且,天空中会下起雪来。

2010 年 10 月 3 日

欢国

题记：值此崩坏之际，相见已是莫大的欢喜。

焚毁之前还有诸事要做。

还需洁体、着衫、理容、静置，然后心爱者逐一来他同告别，也许哽咽也许沉默。抑或是，心爱者或否已不重要，是厌憎者也一样，反正他已不必睁开眼睛。他的面孔一如雪后的旷野无忧无喜，他肢体冰冷且不再期许人间的温度，他不再需要。生命是如此严格的等价交换。因为他不再需要你们当中任何一个，所以他不必看到或者听到——死亡的最后清零。

沈初时在生时是个颇为荒唐的人，风流自许，很有点不羁。

据说他把家族的典当行开遍了南洋诸国，并且在其中每一个城市都有一位冶艳的情人。做得到这样，绝佳的眼光与残酷的天性缺一不可。

然而,再夸张的人死了也还是一样老实,不见得会从棺中坐起,向人眨眼睛。郑红衣立在棺前,看着初恋情人的脸这样想。

十八年前,初时的面孔还没有这样精明的时候,红衣与他相爱过。无数个半睡半醒的清晨,微光中,她曾抚触他幽深的面部轮廓,熟知其跌宕起伏一如熟知梦境中反复出现的沙丘与平原。已经分开这么久但也不可抹杀她同他曾经相爱得好像暴雨忽至——简单、凌厉而且势不可挡。

彼此的初恋。

但初恋的意思无非是,一生中所有情事的开头。

"郑小姐,客房已备妥。葬礼是在明晨九点,"一名仆佣走近,轻声对红衣说。

临去,她向初时回望一眼。灯下,他的鼻、唇乃至睫毛都在面孔上投下深蓝色的薄影,静谧如石刻。

沈初时是至怕无聊的一个人,但现在,他置身于最大、最绝对的无聊里了。

曾经多么嚣闹,此刻一样静默。

生命其实这样涩重冰冷。

有时告别不过是一则死讯,由旁人转达。

凌晨，红衣在自己剧烈的咳嗽声中醒转来。恍惚中，惊觉一道黑影淹过门缝，倏然不见了。她猛坐起，披衣下床，赤足追去，口唤一个名字——"初时"。那时她遥遥听见落地钟响了四记，而廊外传来一阵一阵荼蘼香。院中花影森森，月明如雪，沈宅从未这样静。

走廊尽头就是停灵的大厅。厅中没有人，但灯火照如白昼，地板上散落几枝白玫瑰。尚未进门红衣已看见一个黑色的人形俯身棺前，不知在做什么。当她疾步趋近，那人形却自她身畔一滑，跑走了，气息温热辛辣，带起袍角与发端猎猎有风，令她记起黑暗中暴烈的海。"谁？"她问，兀自不敢高声，怕惊醒了初时。朝棺内一瞥，红衣这才胸口一紧，呼吸骤停，似给一只爪握住了心器，因为她发现（她以为是错觉但却是真的），沈初时的面孔不见了。

面孔不见了的意思就是，脸没有了。

就是，从前曾经是五官的地方，不知为什么，变得光滑、平整而不可辨认。

"初时的脸给人偷走了，"红衣心头一骇，一脊寒毛都竖起来。

"是谁？"她厉声喝问，但其实也不是不胆怯，一面追踪那只黑影沿走廊狂奔。是谁要来劫掠死者的脸？使死去的人再死一次，从无生命的虚妄进一步跌堕至无面孔的虚妄。

此等行径，施为者倘不是时间，便是极大的罪孽。

不，她不相信世界上有这样邪恶的事。

若不是呼吸急促到胸腔险些炸裂，空气刺激肺叶的疼痛无比真实，红衣几乎以为这是一个噩梦。但是并不，如果这是梦，那未免过分逼真了。

前方不远处的幽黯中，那黑影已如鬼魅般倏忽隐去，红衣眼前惟余隐隐的蓝光流动。刹那间，她面对面辨清自己的脸。那是一面镜！但已来不及闪避了。她下意识举臂格挡，并且等待玻璃轰然粉碎四溅将她的手臂割成一张血淋淋的蛛网。然而没有发生。

没有声音，或是形状。没有阻挡，红衣只是无缘由地进入了。

她的身体因过分紧绷后的落空而坍塌，双膝一软，跪倒在地。此地微明，四下有光，如钻石闪动，地上是莹莹砂砾，令人陷落。这么美，但这么不祥。就像是施洗者约翰遇见妖娆女子莎乐美，当她想要吻他，他就必须得死——越是美，就越是不祥。红衣急回头，望向她的来处，沈宅已不知去向，眼前巍巍耸立一道高逾九丈、绵延无尽的城墙。墙体遍生暗绿之苔，极细密，繁茂到近颓靡，几乎带着淫意。

无须思索她已知道，她所在的，已经不是人间。

"红衣,你已来到欢国。"

红衣循声望去,见是一个人披着黑斗篷立在那里,兜帽很深,看不见脸。但她知道这是谁,因他气息温热辛辣,袍角深沉似乎回旋有风。黑暗中暴烈的海。这是盗取面孔的贼。

"还给我。"红衣缓缓自地上站起,走近他,向他摊出手。她不是一个惯于争执的人,但在坚持的时候却可以很坚持。那斗篷中渗出沉闷的嘿笑,仿佛一个人在狭小的壁橱里笑同时捂住了嘴,"那么,你叫物主来取"。

红衣无言以对,颓然垂下了手,想起沈初时已经死了。死者哪有所谓得失。人间的事其实统统不容细想,因为细想起来,一切都很虚妄。

"你是谁?为什么做这样的事?"她抬起头,盯向那只兜帽幽暗的深处,双目细长如狐却又如百合清亮。那人遂不声不响将兜帽除下,露出他没有面容的面容。一见之下,红衣不禁退却。对方的脸,与沈初时被偷走面孔之后的脸一模一样。光滑到匪夷所思的平面。

"我叫叶暗。我是一个猎颜师。我的工作是猎取凡人的脸。"他也没有嘴唇,他用腹语跟她交谈。

欢国,镜中之国。

族人生而无脸,故又称无脸国。

千年又千年，欢国男女在此间进行无面孔的交媾，生生不息造出无面孔的婴儿，延续并拓展无面孔的城邦。因为没有面孔，彼此以纹身记认，以身体相互注视。多数欢国人认为这样也不错。但是，如果有一天他希望获得一张脸，就必须付出大量金钱为代价。因为，窃取凡人的脸，所费是无比高昂的。

"都是死者的面孔，"叶暗静静说，"虽然易朽，但比较容易到手。这样的脸，因为欠缺活体滋养，一百日后便会消失。消失的速度很快，几乎没有过程。于是，欢国有一个悲哀的现象，即，族人一旦拥有过面孔就再也无法忍受无脸的生涯。他们会如嗜毒般不断购置新的面孔，直至一无所有。"

自我体认的恶性循环。

在对自身本质全然无知的族群那里，脸成为本质。倘无法觅得自性，则只能凭借对外物的倚重。太脆弱的存在方式了。

"最终，他们几乎都会死，自杀。因为不再记得自己是谁，因为不再确定自己要作为谁继续生活下去，"叶暗的声音仿佛神谕来自苍穹，无悲悯，无表情。

红衣微微掩住了嘴，又忍不住问："你呢？你是否受到过面孔的诱惑？"说时望着叶暗的脸，虽然那里什么也没有。

这时就起了风，暴雨滂沱降下。而天色却并不因此沉暗，反倒愈发明亮。

叶暗默然良久，像是终于抵受不住红衣的注视，转身朝城中走去。他想起一千六百年前在印度，曾见过一位狂热爱好真理的婆罗门，由于不满足脱衣舞女的赤裸，而让人剥掉了她的皮。那是彻底的赤裸。他所见过最直白的真理。叶暗自问不是一个怯懦的人，却也不得不迅速离场，不忍卒睹——真理难以直视，因其过分赤裸。而世上也鲜少有人，敢于直视他这张欢国面孔的空白。由是他知，尘世女子郑红衣，不可被视作等闲。

大风起落，雨水似银沙铺天盖地流泻。纵眼四望，满目宝光流溢，似有珠玉不断坠下。

呵，此地骄奢好似巴比伦大城，是钻石城，是珠贝城，是琉璃城，一场雨也有销金断玉的奢华。

红衣惊喜无言，以手捧接雨水。看时，却在浑圆珠体中清晰见到自己的脸，原来不是水，而是水银。

"现在你去哪里？"

"去交货，"叶暗并不看她，只将兜帽自后戴起遮雨。风中，他袍角滞重，不再飞扬。红衣晓得他的货就是沈初时的脸，遂一路默默跟着，虽然自己也不晓得这样做有什么意义。也许她只是好奇，而且也因为她没有别的地方好去。

欢国的街市一如尘世的前现代时期，城市的棱角还不那么分明的时候,蛮荒一些,也缓慢一些。大概因为落雨的关系,没有什么行人。身畔偶有无脸人来去,见惯了已不觉如何惊心。又见一个才总角的小女孩倚在窗边玩雨,没有面孔,但伸出手来只见整条手臂都纹满玫瑰,另有一种媚态。

红衣渐渐不相信这里的妖异,不相信会有人为面孔的不可得而死。那是多么不可思议的事情。

所到之处十分僻静,在山巅,是一座恢宏的石堡。

门廊外有灰色大理石喷泉,落满了红叶。内里很暗,以火把照明。

买家已在等叶暗,是个女子,穿暗地飞金的袍,正襟坐在厅上。四下火烛煌煌,女子脚边伏着巨大的兽,呼呼喘着气。走近一看,竟是一匹豹。通体如墨,唯双眼极亮,仿佛当中有火、有燃烧、有灰烬;光芒的杀伤,令人想起盛夏日色。红衣是持FGA证书的珠宝鉴定师,她知道,那是钻,净度至少在VS2以上。于是她仿佛受到蛊惑般不由自主地端详那匹豹的面孔,继而大骇——它的五官,竟全由钻石镶成。

这时叶暗轻轻牵她衣袖,以细若蚊蚋的音量对红衣道:"看她的脸,昨日我才为她猎得。美不美?那女人生前是个名模。"红衣这才将目光转去女主人的面孔。它有一种森然的美感,鼻与唇都很平薄,面颊泛着寂寂的金属光。是,二十世纪中叶的名模,脸上统统有此种机械时代的光晕。

"那就开始吧,"那女子说,声音是静的,低温的,却很威严。红衣想,也许她真是一个不容枯萎跟违抗的女人。

帘后风动,徐徐步出一个男子。着黑。黑丝长袍极垂顺地淹在足背。没有面孔,然而单肉身已颇具艳色。他散发被豢养者所常有的那样一种怠惰感,懒洋洋,似烈日炎炎里饱足了的豹。腰带游丝软系,腰极紧实,又自领口露出两方蜜色胸肌,亦是极紧实的。呵,要命,这具肉体,真令人渴。

叶暗随即拾级而上,与那男子面对面站定,将右手五指张开,按上他的脸。红衣于是讶异地看到,在叶暗的手底,沈初时的容貌正逐渐浮现在那黑袍男子的面部。几乎就是,暗房中感光底片的显影。形象的巫术。红衣见此,情怀十分震荡,虽明知对方不是,口中仍忍不住喃喃道:"初时"。

未几事毕,男子对叶暗点点头,走去女主人身旁坐下,展臂绕住她的腰身,将她揽过来在发间吻一吻。就好似他获得这张新面孔的全部意义不过是要用新的嘴唇吻她一吻。这样,女子脸上始有半分笑意,雀鸟踏枝般惊怯,如电光一闪。

红衣见此,不由得倒吸一口凉气——原来男人烟视媚行,可以这样。

"听说你想要回这张脸?"男人转向红衣,说时以手指摩挲自己的面颊,似玩赏一件器物。

红衣无言。

人生不相见,动如参与商。今夕复何夕,共此灯烛光。

的确,她恋慕沈初时的脸。她记得这张脸的整部编年史,它的生动直到它的冰凉。就好像她记得十七岁蔚蓝海风中的初恋。那一年的沈初时,笑起来有海沙的洁白。无垢的面孔。水中盛放的纳西瑟斯面孔。就算是分手之后,她一样钟爱他的风流自许,在人间游戏,从无倦容。要知道,郑红衣曾经,不单单是以恋人的心情,而是以一类人爱截然不同的另一类人的心情,爱着沈初时。

但欢国里这张初时的面孔,它的光芒业已弯折。它进驻于更幽暗的层次。那个男人,不知为什么,竟使这张脸的内容变得扭曲深入,因而,也就变得魔魅。对于郑红衣,那不是沈初时的脸,而不过是冥冥之中徒具形似的颊颜。

"不,"红衣轻声说,"不了。"她低下头,不能承受那张脸上的魔意。尽管那是美丽的,比沈初时要美。

男人就无声地笑起来,笑时一边唇角扭起,不落情缘。

那绝然不是沈初时的笑容。

"你来,"他说。

红衣迟疑,转头望向叶暗。叶暗却已不见了。

男人向女主人耳语两句,之后走下台阶,携起红衣的手,"来",他说,黑暗温柔令人战栗。碰触他的手,感觉热而韧,知道他属人。但他依然令红衣不安,或许仅仅因为他黑色的魅惑。他看着她的侧脸,说,"你很勇敢。"也许只是假装没有看见她咬紧牙关试图控制微微颤抖的嘴唇。

"你可以叫我初时。我知道,那是这张脸的名字。"

但一张脸其实并没有名字。

令一张脸变得可以被称呼的,是注视与被注视,抚触与被抚触,是它与他者交汇时默然生成的一切,来去,往复。一张脸即是如此获得它的唯一性。如果没有人思念你时将你的面孔千百遍在脑海中记认,脸仍与本质无关,无论你多么渴望。

红衣头一次认清自己对于欢国,除了惧怖还有悲悯。而因为悲悯,她只能缄默。

就像不能对住饥肠辘辘的婴儿,口说真理。

穿过甬道里跃动不休如同魔魅的火把光影,很快他们来到中庭。

草坪上,落叶和枯萎的花朵,优柔遍地。其间立着一尊巨型石像。无面孔的女子,五指掌控一张人脸,不知那是劫夺或是给予。石刻而成的深灰色长袍,袍角袖间翻起浪潮般剧烈的褶皱,令人想起飓风中狂暴的海洋。

"那是花明的先祖。欢国有史以来最伟大的猎颜师,"初时的声音中肃然有敬,这样红衣才知,那威严而低温的女主人叫做花明。

之后,初时将手指向天井的上空。魔术时刻。

"你看,"他说。

他的手指修长仿佛魔杖点亮了风。红衣抬头,惊见黑色天幕下热气球般悬浮的无数水晶屋。各个不过两米见方,囚室般,了无陈设。其中囚着无数欢国中人,皆是毒瘾发作时放浪形骸的狂态。透过六面通透的屋体可以清楚看到,屋中四散他们的肢体、头发、指甲、秽物和血。人在痛苦的时候没有尊严。

"他们是谁?"红衣疑心自己来到无间地狱,目睹鬼灵在血泊中沉沦。

"他们是再也无法得到面孔的族人,"初时道,"但,我们搜集他们另有目的。"

没有出路呵,渴望面孔而不可得的欢国人几乎都会死去。但不排除一种可能,在千万分之一当中,会出现例外。

这个例外存活下来,在一个命定的时刻,成为猎颜师。因为经此一役,他们对于面孔,再也没有渴望。从此不活在他者的目光之下。不需要任何人的记认。就像高僧终于开悟,得大光明,破诸魔障,回归清净本心,凤凰涅槃。又像忍者,从此在视线的丛林里隐身。

然而此后,猎颜师的生死,只在一念之间。

即,哪怕是闪过一个极短暂然而清晰的念头——我希望被认得,他就会死。因为,身为脸的传递者,他必须是干净清透的容器,摈除一切杂质。这是他对猎颜术的献祭。对欲望的承诺。

活着不过是代价问题。世上没有哪一个人不是苟且偷生。

"猎颜师就是这样一种存在。"初时说。

石堡塔楼的房间,陈设皆为石造。墙面、梁柱乃至桌椅腿上皆雕刻尖叫的人脸,表情愤怒而痛,似要从石中挣脱、出奔。屋主对于面孔病态的偏执真令人胆寒。而四下垂垂,皆是南洋软缎帷幔,那样浓艳的花色与繁复的纹路,似有鸦片沉香。案头一只青釉长颈瓶,上书前人故句"人面不知何处去,桃花依旧笑春风",笔走游龙,不失为逸品。然而这两句诗,现在看来,只叫人脊背发麻。

红衣被安排住下。

次日,她一睁眼就看见了沈初时。

其时天窗间正有暴烈光线飞流直下,日色炫然,初时的面孔在强光下显得极白,似过度曝光的相片。屋外影树高大婆娑,风起时落下艳丽红花,火焰般坠地,扑落一声。红衣欢喜地坐起,"初时,你还活着,"扑上去搂住他的颈项。是,那样无法无天的人,怎么会死?

初时却极短促地笑了,鼻中冷哼一声,默然不语。

红衣于是轻轻放开他,知道了他的不是,不是她以为的那一个。地面上,不规则的深蓝色云影正飞速移动,时候已是正午。她想,她错过了沈初时的葬礼。

"凡人好蠢。你们那里时常流传撞鬼的故事,以为见到死者。其实不过是见到我和我的族人,"初时眯起眼睛,语气平静而傲慢。

红衣于是不再克制,说了她一直想说的话:"那么你们,不过是一群悲哀的慕脸狂"。

认不清自己的天分,在宿命湍急的涡流中,抓错了救命的稻草。无知、虚荣而且懦弱,无视自身内在的完备,却转而仰仗全然与己无关的成分,以黑夜为白昼,以鹿为马,甚至为之迷失,为之死。让一张已逝的面孔继续存活,是对尘世的亵渎。而如此倒行逆施,是对性命的无敬。

在尘世当中,死是躺下不再醒来,等到天没有了,仍不得复醒,也不得从睡中唤醒。

死去的应当静默,永恒休息。

闻言,初时霍然站起,面孔因震怒而狰狞。

他快步走向门口,忽又不甘地回转身,至床边,以手挽住红衣的长发,狂暴地将她从床间拖起。细瓷、水晶和琉璃碎了一地,红衣的双足在拖拽中割裂出血,她却并不尖叫,也不流泪。直至初时看到血痕而终于停手,却发现红衣在笑。

"你笑什么?"他问,牙齿咬得格格响。

"因为你知道我说的都是真的,"尘世或者欢国都一样,没有哪一个世界,不惧怕口说真话的人。

红衣曾长时间旅居南非的一个村落,那里有一个少女能在别人的脸上看到死。"今晚你不要去水边,否则就回不来,"但那人还是去了水边,淹死了。又对另一人说,"你活不过明天早晨,"那人果然凌晨就咽了气。如是再三,村民以为她说出的是诅咒,就用石头砸死了她。

郑红衣是从这件事中明白了道理。

世人惯于剿灭真理,越是狂暴的扑杀越是表明他们的心脆弱到无从负担。

而对于先知者,真相有毒,如无必要,切忌道破。

日升日落,几度黄昏。那一刻,影树间突地噪起鸟声好似急管繁弦,忽然一刹又静下来,万籁俱寂,比静还静。

是在这莫名寂然的时刻,红衣听见有人沿石阶上到她所在的塔楼。

来者在门口停顿,继而拍门,砰砰砰。拉开门看,是初时。

欢国中的初时脸色苍白而绝望。两个眼窝里有青色影子，红衣以为是光的阴影，但那是黑眼圈。双颊与双唇却有病态的胭脂色，平添妖丽，似痨病者。有一阵子，红衣几乎不能确定那仍然是沈初时的脸。

初时默默走进，仿佛力竭般，瘫软在铺满锦垫的石椅中，后又抬头寻找红衣，看定她的双眼，对她说："红衣，请你告诉我这张脸的历史。"

郑红衣从未见过如此狂热的眼睛。她想，他终于打算在脸的废墟上建立自性。

这样就开始了关于脸的一千零一夜。

总是喝着酒。

淡金色琴酒注满酒杯，两人相视快饮，之后各自啜吸手中的柠檬片。都是一个激灵，唇角咧很开，五官纠在一起，说不清那是酒精的刺激抑或是柠檬的刺激。他们指着对方的丑脸大笑。红衣想，他大笑的样子才是沈初时。

但他又说他时常滞郁而愁闷如身体里长满了苔，那样细密静默的悲哀，因为他不晓得他是谁。"很多年前，我也曾是水晶屋中的一个。哀哀嚎叫，没有尊严。花明选中我做她的情人，从此为我购置面孔。那些面孔年轻、漂亮、昂贵，每一百天需更换一次，算起来应该已有数百张。有时我想，也许那时候是谁都可以，只不过恰好是我。同时我也不认为有何不妥。我不过以我所能付出的，换取我渴望得到的。长久以来,我不知自己对花明是否有所谓感情,我总是记不起她的脸。"天色已薄暮,初时的脸隐在阴影里。

那时正下着雨,二人倚靠巨大石柱席地而坐,门廊里八面来风。

雨中的庭院闪烁着柔和的珍珠灰。远处起伏的丘陵,一层一层的灰绿如缎子般往上叠加,越来越深,直至天边。

红衣没有说话,随手拎起另一只酒瓶,琥珀色液体注入空杯,鼻子埋入嗅一嗅,随即饮下。之后,她笑着对初时说:"这种酒,让我想起欢国的雨。"

初时不信,拿过来喝一口,"嗯,更像是夏天暴雨之前的风。"

微醺时刻,她对他说起沈初时在尘世的故事。

每年盛夏,红衣会跟初时在南洋见面。总是有新的珠宝要她鉴定和估价,之后也许初时自藏,但多数会卖给出价最高的买家。

她知道,那都是一些不再有人赎回的死当。高级典当行里,有时会遇到宝物。然而这样稀世的珍藏,不到穷途末路怎会出手?但这种绝望的气氛从来不影响初时。红衣甚至洞察到,他暗里会对这种绝望略加玩赏。像鲨鱼嗜血,出乎天性,无可厚非。生意了结他便带她去喝酒,享受南洋馥郁的风,在爵士乐中轻轻摇摆身体。那是她一年中最快乐的日子。即使已经不再是恋人关系,她仍然渴望见到他。

呵初时,"思君令人老,岁月忽已晚"。

"可是红衣,他的嘴唇一生中说过五百二十七句'我爱你',四十三次'Would you marry me?',无数谎言。他多次看过枪杀和死亡但从不流泪。红衣,我觉得他是一个十分冷酷的人。我不明白你为什么爱他。"欢国的初时有他的魔力,他读出一张脸上发生的事。

红衣听了,缓缓以双手掩住了脸,流了眼泪。

泪水漫过指缝,流到手腕,初时试探地伸出一根食指,蘸了一点,口中喃喃道:"啊,这就是眼泪,"语气恍然大悟。他和他的族人一向无从流泪,因为没有属己的眼睛。

红衣背转身去,以袍角擦拭面孔,良久,恢复了平静,这才开口说话。

"因为他忠实于自己,不掩饰自己的本性。他从来没有试图让我们认为他不是一个冷酷的人。"她告诉初时。

十日又十日,脸的故事已经讲完。

欢国的日子渐冷,影树逐日凋敝零落。

红衣常常自窗口看到远山的森林,因为冷,林梢呈现一种尖锐的灰白。寒风凛冽,一刀一刀割过肌肤,她伸手抚摸自己的脸,竟似也已枯萎。欢国中没有镜子,长久以来,她已忘记自己的面容。自我固有的形象已仅剩一个浅淡的残影。也许这是欢国对于她的意义。在抽离、酒精与言说的多重作用下，她渐渐明白她与沈初时的关系。她想，其实她早已不该爱他。这样，三十五岁的郑红衣突然渴望回到尘世。一切都该从头来过。

"初时，你告诉我，应如何离开这里？"红衣问。

初时却迟疑，眼中闪过惊悸，火焰亮起又熄灭，"你必须穿过一面镜子，像你来时那样"。

"可是欢国里哪有镜子？"红衣不解。

初时便垂下头，垂头之际嘴角闪过一丝笑意。

红衣即刻明白，"哦，你不希望我走。"人在不舍时就有诸多狡黠，顽劣无理，一如孩童。但红衣不再逼问，也不责怪他，只伸手抚摸他的脸颊。它阴鸷的美。她熟知这张脸的跌宕起伏一如熟知梦境中反复出现的沙丘与平原。在一开始的时刻，它从未令她迷惑。但现在，她不知道自己抚摸的是哪一个初时的脸。

这样初时就倾过身来吻了她的嘴唇。

曾经淡然相处，她已忘记他有多强壮，忘记他的肉身阴郁辉煌，令人渴。于是她仰起脖子，百无禁忌，迎向了他。在交欢中，她仿佛看见风暴，变成风暴，但比风暴要热。风眼中堕下桃花雪，狂荡而雪白，锦重重落了一身。而他已汹涌，似一匹豹猛烈穿越花海，桀骜不驯，无可匹敌。

性爱自成一国，超越所有城国的界。

迷狂的片刻，她口呼初时的名字。

他听到，遂凝力不发，昏暗中看定她的双眼："是哪一个初时？"他已觉悟，需要答案。

红衣体内涨满温柔，手指徐徐插进他的黑发，耳语道："是你，是你。"他心满意足，很快崩塌在她的双乳之间。

该时刻，房间无声炫亮，四下静谧，光线来袭。红衣惶惑，将初时的面孔搂紧在自己剧烈起伏的胸口，头转向窗外，原来只是下起一场如钻的雪。

欢国，辉煌国度，雨、雪和性爱，统统带着光芒。

数日后在街市，红衣请一位欢国匠人为自己纹身。

只完成半条手臂。红色藤蔓蜿蜒而上，在手腕迂回盘旋，蛇攀过雪原一般攀过手背，绕向无名指尖，像是滴答答流了半臂的血。红衣的心随之沉重而快乐。她生来是一个尘世女子，她的脸曾在记认中青春并且不再青春，但此刻，她已拥有欢国图腾。

走在街角却有一人截住她。来人高大的阴影中，红衣诧异抬头，对方没有面孔，"你是谁？"她问。

"红衣，你要小心"，原来是叶暗。

她已忘记他的存在。他曾那么鲜明，气息辛辣温热，如黑暗中狂暴的海。

她所知的第一个欢国人，然而她已忘记了他——一个人倘无法被记认，是他的自由，也是他的牢狱。

"小心什么？小心谁？"她笑望叶暗，几近挑逗，虽然明知他指的是什么。朝夕相处这段日子，红衣学会了初时的笑容，是那样一边嘴角掀起来，露出白森森的牙齿，并不特别地标识快乐，也不落情缘。

叶暗却望着她，斗篷深处幽黯莫测，无脸之脸似有视线传达。他不回答她的问题，只说，"我可以带你走。现在就走。"

离开欢国，重返尘世，一切从头来过。红衣的心不禁因欢快而膨胀，但随即闪过暗影，想起初时，她犹豫了，"让我考虑一下。"她沉吟，半张脸掩在垂下的长发里，一臂藤蔓缠绕，她看起来流血而痛，念头不可把捉。

等她终于重新仰起脸来，却只是对他说："叶暗，谢谢你。"

当晚是个宴会。花明不避嫌，连红衣一并邀请在列。

又送赠红衣一袭黑裙，白色貂皮长袍以及红宝石项链。红衣也不推辞，一一穿戴。

走抵大厅，宾客都已到齐。红衣步入，嚣闹便即静下，周遭寂然无声，所有人转脸望她。气氛不祥，似步入战阵。红衣心头惊悸，才明白为何有人会被看杀，原来目光有毒。

然而，不安只是一瞬间的事。之后，宾客们几乎是刻意地，不再注视郑红衣的脸。

穹顶上十六座巨大枝形吊灯,瀑布般泻下煌煌烛火,厅中一派金红耀目。席间觥筹交错,银质餐具悦耳的轻微碰撞中,围绕着巨型橡木长桌,一张一张皆是自尘世猎得的面孔,能说能笑,却美而不真。

红衣落座,随即寻找初时,见他一身猩红,坐在花明左首,手中拈着一支蟹钳,却意兴索然,并没有吃,只盯着面前香槟里的一簇气泡发呆,表情阴郁如隐着蓝色火。她便也不再张望,只埋头进食,心想也许他并不爱她,而所幸她也未曾爱他。

情爱两造,最是寂寞。

痴缠过后两不相干、拍手无尘的也大有人在。

然而曾经那样大力造爱,不惜汗水,又有何意义?兴许只有在流汗的当下才有意义。红衣不无解嘲地想。

良久才发现身畔有一名宾客,眼眉郁烈,而双唇却饱满带着孩子气,整张脸英俊而野性,似极詹姆斯·迪恩。

红衣便提起兴致,对他讲:"你长得好像一个电影明星。在我的来处,人人都为他疯狂。"

那人听了很高兴,笑道:"为它我花了不少钱。"当然,人间艳色,到欢国一概可以待价而沽。

"很美。十分值得,"红衣乐得令对方开心。

"是?"那人似不信,以手轻抚自己的面孔,反复摩挲,如抚触一件器皿,"可惜只有一百天,"语气转而落寞。随后,他以绵长手指捏起酒杯,向红衣举了举,一气饮下。那不知是何种酒,翡翠一样绿,像毒药,饮鸩止渴。

未几已近终席。

花明来到红衣身后,一手搭上她的裸肩,真冷,红衣忍不住打个寒噤,回头望她。

女主人花明今夜穿天鹅绒礼服,幽蓝与闪银如同夜幕与星辰,额上系着细细一痕珍珠链,鬓脚别着六芒星,其上镶蓝宝石。她依然低温而威严,美丽凉薄的脸上泛出微茫金属光。她携起红衣的手,向众人道:"这是郑红衣。数万年来,第一个进入欢国的尘世人。"

闻声,宾客纷纷朝这边看过来,却很安静,也没有笑容。但他们注视她的脸,目光几近贪婪——一张天生的面孔与它的活体,同生同老,同归于尽,如此一期一会,对于慕脸成狂的欢国人,实在无异于神迹。

花明又道:"她于一百天前闯入,原本可以送她走。但我留她在此,是要实现一个计划。"她环视众人,语气淡静。

红衣不知是何计划,遂探询地看向初时,但他注视她似注视陌生人,眼中不带任何信息,遑论情意。红衣失望,并且,不知为何感到不祥。

身畔,花明朗声道:"众所周知,我们的面孔统统猎自尘世的逝者,由猎颜师摘取、带回并移置。但因失去活体滋养,百日而朽,十分不便。"众人闻言,点头如捣蒜,皆因感同身受。倘面孔可以长久使用,一劳永逸,不知省却多少财力。

"亘古至今,欢国从未尝试自活体身上摘取面孔,现在,我打算试一试,"花明说罢,略停一停,等众人反应。

众人愣怔片刻,瞬间已是一片哗然。

长桌彼端忽有一名老者高声发难,一字一句讲得清晰,"不可惊扰尘世的活体,不可伤害尘世的性命。难道你要违背先人的遗训?"余者附和,"是,这怎么行?"他们说,"这是不可以的。从未有过这样的事。"

"我将派出欢国最好的猎颜师,"花明解释。

但众人依然反对,"她仍有可能会死。"

"也有可能不会,"花明强辩道。

"怎么可以冒险?事情一旦失控,"另一人力劝,"难道你不怕引发与尘世的战争?"

曾经,欢国族人也在尘世生息,是其中极为普通的一支。

其后也不知是何缘故,它逐渐孤立,与尘世其他部族人反目,并且在某次大战中一败涂地。

该部落自此被逐出尘世。

尘世的王将他们封印在镜中,名之欢国,又以大法力勒令镜中人此后必得重复尘世人的举动,变成镜像。这就是为什么镜中人不可以有面容——为了忠实地反映尘世的脸。

"我不管!"花明咆哮。冷艳面孔瞬间变形,龇着牙,似暴变成兽。

她的身后,更有金甲黑袍侍卫涌入,执戟如密林,更兼靴声橐橐,滚雷也似。众人见此,即刻收声,一时间噤若寒蝉,花明是一个不容违抗的人。

这样花明才满意了,扬眉一笑,三击掌,便有一人越众而上。金甲黑袍,没有脸。

红衣扶住椅背,勉强站住,自知今夜无幸,但目光好没用仍不自禁扫向初时的所在,他已不在那里。呵,他不过是一枚香饵,令她吞下,不思归。而所有她以为他的懂,他的缠绵,不过是造作一场。镜花水月,全是虚妄——原来不可信靠任何人。

黑袍客步步迫近,而红衣的心受了重创,不能招架与抵挡,只是惶然呆立在原地。很快,那猎颜师来到她面前,站定,伸出右手,五指张开,徐徐探近她的脸。她才惊狂地觉悟,向后却步,无比恐惧,语气却还沉静,"至少,告诉我你是谁。"

来人顿住,随即发出沉闷嘿笑,"红衣,你每次见我,都问同样的问题。"之后,他像是忽地变轻,腾空而起,肉身瞬间崩裂,碎成一片一片,在风中缓慢地飞灭。啊,他的气息温热辛辣,黑暗中暴烈的海。他是叶暗。

猎颜师的生死,只在一念之间。

不可以被认得,不可以被记忆,连这样的渴望也不可以有。一刹那也不可以。这是他对猎颜术的献祭。对欲望的承诺。

活着不过是代价问题。世上没有哪一个人不是苟且偷生。

当此变故,猎颜之事只好暂行搁置,众宾客忙不迭告辞,速速离开是非之地,作鸟兽散。

"你害死我最好的猎颜师,"花明咬牙恨道,双手挤压红衣两侧脸骨,似要将面孔自她身体逼出,"你到底有什么魔力,令他甘心为你死?"

红衣并不挣扎,虽已痛得流出泪来,却没有叫喊,只是静静看着花明。有人注定受苦,道路永生永世幽暗,不得安宁。因为悲悯,红衣已不再怕她。原来低温如花明,灵魂竟有这样高的热度,焚毁又焚毁,滚烫一如炼狱。

世界这样大,值得渴望的东西可以很多,而执意走狭窄的道路,是一种罪。

良久,花明转而柔和下来,温存将红衣的脸捧近,极近,喃喃道:"我会知道,一旦我占有你的脸,"该时刻,她的五官开始在红衣眼前逐寸隐去,她的声音渐渐模糊不可闻,"还有他。他由我一手造就,你以为他爱上你?"说时,整张面孔上只剩两片红唇翕动。

终于,花明放开红衣,她的面孔已全然消失。

是夜,红衣被囚在石室,心中翻滚念头,一宿无眠。凌晨时听见杀声,塔楼下一片大乱。冷兵器彼此格挡撞击,铿锵不休。囚室的窗开得极高,红衣无从观望,只能仰头看见淡蓝晨光中有金色火焰如流星腾起、坠下。

忽然有一个刹那,周遭静下来,比静还静,像是此刻过后没有天地,也没有日子。死寂中,有人撞进她的房间。是初时。

"红衣,"他轻声唤她,语气温柔,但厮杀太久,神情依然狞厉。

红衣的心在轻呼中得到抚慰与安放,如有千只气球轰然升空。她疾步趋前拥住他,发觉初时猩红长袍已被浸湿,摊手看时,才知那是血。他受了伤,肩头与胸腹,正汩汩涌出血来。

爱情未曾言说,有朝一日,以血证明。

至此,红衣才在心悸中发现,原来她渴望他爱她,也渴望承认自己爱他。爱之清脆与黏腻,尘世与欢国无差别,一样令人感觉甘美,又感觉疼痛。而能够望着爱人的眼睛说出

"我爱你"，这是多么美妙的事。

石阶上杀声渐近，大批兵士正奔上他们所在的塔楼。初时拖住红衣的手，"我们去花明的房间，"说时以手撳动墙角所雕一张人面的双目，墙后露出秘道，"我带你离开欢国。"

初时向红衣解释，昨夜花明的举动激怒欢国的王。他遣兵拿她，而花明拥兵自重，拒不就擒，双方短兵相接，到凌晨已杀红了眼。城堡中一乱至此，对红衣的守备略疏，初时遂得以趁虚而入，带她离开。

花明的卧房在城堡深处，此刻无人把守，十分僻静。

甫推门，眼前纵起黑影，铺天盖地，轻捷如同鸟羽，银蓝如电，令红衣悚然一惊。细看方知那是一匹豹，黑如夜色之深，双目却灼灼如炬，是钻。它停步，回望红衣初时，但很快不感兴趣地走开。

房中各处垂覆黑色帷幔，温柔幽凉一如天使翼。光线很暗，迎面一整列墙泛着寂寂的琥珀光，那是酒。初时领红衣步入里间，掀开帷幔一重一重，至最深处，却在窗前见到一个女人青黑的剪影。

那人听见动静，轻轻偏头，鬓边六芒星一闪。

"你们来了，"她说，话声沉闷，但依然低温而威严。花明竟在这里。

她的身后，远远地，城堡的中庭正腾起火焰，其间刀光剑影,杀声阵阵,仿佛跟她没有关系。她的面孔迎向凌晨的微光,五官尽失,但竟像是有一种悲伤的神情。红衣想,花明此刻,真像一尊被时间蚀刻及毁弃的神像。

"其实我不过是想得到你的脸,"花明冷笑。

红衣回应,"我明白,我明白。"那不过是一个女人对另一个女人,极其狭隘逼仄的争竞。城国灰飞烟灭,与她何干?大城特洛伊历劫十载而亡灭,无非肇端于女神之间争夺一只金苹果。

花明又将面孔转向初时,"我不过是希望你仍然属于我。"

初时唇角微微颤抖,却终究无言。良久,方才开口道:"花明,对不起。我没有办法,她占据我的心。"共同迷失沉沦三万个日子,抵不过一次光明的了悟。他愧不可当,但他的心已被另一人占据,是救赎也是堕落,没有办法。

房外长廊里传来追兵脚步,地动山摇。

花明闻之一凛,迅速去到四柱床前,一伸手,猛力扯掉床头墙面所设的巨幅帷幔,"走吧,"她说。

那是一面镜。

极大,吞并远方那么大。其上正不断涌出人脸,不计其数。它们乱暴地在镜面凸起,如开出恶之花,之后刻不容缓地萎败,口型是在尖叫但并不发出声音,挣扎中成灰,如被火灼,万般狰狞。是的,这其中成千上万,每一张,都是花明占有以及恋慕过的人脸。每一张，都曾与她有过百日的亲密，之后离开她，无声无息。

如此清洁而如此血肉模糊的关系。磨损她的本质，如果她曾有过本质。

磨损任何人的本质，如果存在本质。

红衣见之，倒吸一口凉气，才明白花明何止是对镜自怜的纳西瑟斯，她亲手为自己布置一个脸的地狱。

当其时，花明的侍卫且战且退，已进得房间。当先几人见红衣在场，竟齐齐向她攻来，想是怨毒她的闯入肇起祸端。初时即刻拔剑抵挡，一面将红衣推去巨镜，"走"，他说。红衣不舍，回望初时，已知这是诀别，却说不出一个字来。

"人生不相见，动如参与商。明日隔山岳，世事两茫茫。"

说到底，爱一个人又怎样呢？如果这只令你感到无望并且深深悲哀。

人丛中忽地传来惊呼，窗口处，花明正向着山谷疾坠，强横如她，宁死而不肯伏法。

天边正泛起印度红的霞光，光中，花明的天鹅绒长袍猎猎摆荡，黑色长发扬起如帜。她无声跌落，仿佛流星之于夜色。

在场所有人，是敌是友，都受到震撼，发出叹息。

"杀了那女人，"花明的侍卫回过神来，要为主人复仇。

红衣向初时伸出手，"初时，跟我一道。"

初时却迟疑了,正是在这迟疑的一秒,他的面孔开始消失。

每一次眨眼它就消失一点。

先是不见了眉目,后又不见了鼻梁,继而不见了颧骨。红衣眼见如此,忍不住以手抚触,手势如同挽留,却终究不过是诀别。

然而,初时的脸上并无哀容,只是静静道,"你看,我不可以。"

红衣落下泪来,"今后你怎么办?"她想起囚在水晶屋中的挣扎者,因渴望本质而痛,因追索本质而碎裂。

"呵,无所谓了。你已不在这里,无所谓了。"初时说着笑起来,笑时一边唇角扭起,不落情缘。

来过的终究留下印记。
——因为她的来过,他放弃了所有的脸。

回到尘世以后,红衣对镜,很偶尔地,会在镜中一角看见一个人,远远站着,没有面孔,也不靠近。

她知那是谁。

生命是一场不由分说的崩坏,折戟沉沙之前,一度相见已是莫大欢喜。是为欢国。

惊尘叹：写在《欢国》之后

从2007年开始的九幽系列，至今已有了四则：歌岛，情冢，梦土和欢国。

都是发生在非人间的故事。

尘世的闯入者，惊扰平行空间中原本自在的岁月，然而宿命早已由一事一地的属性写就，无论如何都将走向命定的终局，过程中，没有救赎。

如果以为有，不过是错觉。

故事的书写非常缓慢，因为有时我察觉它不是一种书写，而毋宁说，是一种生长。

它需要周期，如同植物，自有节律，超乎我的控制。

当我写出一则故事，也并不像是写出它，而更像是从体内将它分泌，我是一条通道，并且不算平滑。

最新一则《欢国》是关于无脸的国度。

关于无视自身属性的完备、却将本质的存亡诉诸外物的族群。它可以被视作寓言。哲学意味？也许。

然而这不是重点。我想讨论的是，人的追索与放弃，亦即是，得失的吊诡。

爱情的开示，是火中莲花，走更困难的道路，从浊重直指清净。说到底,作为书写者的我也弄不清,欢国中的沈初时是因为认清自身的本质而爱上郑红衣,抑或是,在爱上红衣之后才认清自身的本质。不过其实那并不重要。

九月间,曾与女子X约见。

初秋白而渺茫的日色中,我们在草地上喝云南米酒,滋味清冽甘美。她说《欢国》读到收梢她曾流泪,却不是因为悲哀,而是因为恩慈。

我想我知道她在说什么。

所谓恩慈,是对于不可能之爱的无怨毒,是对于终局悍然来临的不反抗,是闭上双眼静候命运湮盖的不动念。因为,挣扎什么呢?如果宿命就是如此。憎恨什么呢?如果宿命就是如此。

终局之前务必全情恋慕,以痛,以碎裂,以血。——对于此类以诀别为前提的爱情,这是我所敬重的投入方式。

世事一场大梦,人生几度新凉。

距离五月间我因坠马所历那一劫,骤然已隔了整整一个长夏。

回想起来心情竟遥远得很,浮生如幻,又似庄周看着蝴蝶,虽然我的左臂依然无法活动如初。

中秋过后,日色渐薄而衣衫渐厚,北平城内赫然已是金风四起之秋。

我钟爱穿那件土耳其蓝的长风衣周遭游走,阴阴艳艳,诚觉自己是秋天的一个成分。而我的心,时常平静一如老者,却又反复无常总有顽童的欢喜。

至于伤口,有形的无形的,都已不再发出哀鸣。

为此真该浮一大白。

近读唐传奇,饶有兴味。

唐朝元气充沛,开明而爽辣,时代气质一以贯之乃至微如一草一木、红男绿女。

主奴、朋友、妓女与恩客、施恩者与报恩者、王与他的妃子,彼此无不有信有义,端的是个浩荡清平的世界。

就连狐精花妖亦并不都以媚人为业,却是与你平等,将心摆得端正干净,来与你亲,来与你好。

其中写一位书生在路上偶遇他失散的爱人,她已失身他人,各自黯然。

他目送她的马车远去,"轻袖摇摇,香车辚辚,目断意迷,失于惊尘"。

呵,真是,肝肠寸断。

说到与旧日作别，方式当不止一种，挫骨扬灰是其一，失于惊尘亦是其一。

前者决然而惨烈，后者怅然而苍茫。

我想我大概已然经历了后者，而自己并不甚明了。

我只是，当回首来时路，看见烟尘扰动，仍然会得有些心慌。不过，那也无非是劫后余生的错觉罢了。

所以，如果你曾在《欢国》当中读到恩慈，那也许只是因为，我已放下了屠刀。

2011 年 10 月 6 日

静川

题记：世上没有哪一种感情，不能以静默表达。

她在午夜走进我的酒吧，赤身裸体，臂与胸与腿上皆缠着枝枝蔓蔓的纹身。我对吧台另一侧的沈初时努嘴，笑道，"看，又一位奇葩，那纹身多么惊人。"初时正抽烟，右眼被熏得微微眯起来，听了我的话，他便笑着回头去看。很快他的笑容消失，神情变得凝重，"那是血"，他说，一面快步朝那女子走去。我擦拭着玻璃酒杯并没有停手，只是略略诧异于初时的职业素养，不愧是刑警，这样昏暗的灯光下也看得出是血。

而那女子头发极长，垂至膝弯，如果不是灯光的关系那一定是我眼花，她的发竟泛着一层绿莹莹的光，极浮浪，似水藻。她周身仿佛带着水波，以至于那修长而精致的裸体竟是暗的，像水中的一个影子。邻近的男客嬉皮笑脸地招呼她坐，她也就坐下，脸上却没有任何表情。她对自己的裸体那么泰然，不是疯子便是神，一屋的人都静下来看她。

初时向她出示了警员证，问她发生什么事。她却没有说话，只是默默低着头。

半个钟头之后，警察在酒吧街的后巷找到一具尸体。

死者是个男子，很年轻，死因是心血管爆裂。

但事实远比官方说法要令人作呕。

初时告诉我，死者的心脏是被极其暴力地从胸腔内扯出，而当时人还活着。突然他不再说话，只是将吧台上的龙舌兰饮尽，转身看向远处的江水，我随之望去，只见那处江阔云低，暑气弥漫成一片白茫茫的雾。

"一进停尸间我便认出他，十多年前，我们曾是邻居。那时我念高中他才国小，他常在门口的紫藤花架下写作业，我下晚自习回家他便仰着脸叫我'沈家哥哥'，"初时说着以左手掩住两只眼，泪水很快漫过指缝，我知他心里难过，便轻轻拍他手背。那一瞬间我突然不合时宜地想起，很久以前这双手曾徐徐抚触过我的背与臀，并且肌肤擦碰之间亦曾发出干燥而寂静的沙沙声，于是就有一点异样的感觉，仿佛触电，在心头"啪"地绽出一朵蓝火。

"那女孩是哑巴，又不懂写字，只以是或否回答问题，"初时松一松他的领带，"问不出细节，但至少，这次有了目击者。"这已是第七位死于同样手法的受害者。案子正闹得不可收拾。从三个礼拜前开始，城中陆续有人遇害。凶手作案频率很高，但时间并没有规律，有时甚至在白天的闹市区发现尸体。因为案情诡异，为避免恐慌，警方向民众隐瞒了很多细节。但情形已经足够糟糕。

"难道她竟不是凶手？"我想起那哑女诡异而艳丽的出现，仿佛水波中动荡的黑影。身为同性，我不喜欢她，也许仅仅因为她的艳，谁知道？

初时闷头喝酒，声线沉郁，"没有证据指向她。死者身上和伤口内都没有她的指纹，她的身上也没有凶器。她来历不明，在此地没有身份记录，问她家在哪里，她只摇头。"

我与沈初时认识很多年了。

那时我的酒吧刚刚开张。他是小警察，初调职来此地，很不得志，常来我的酒吧买醉。高而精瘦，一张聪明人厌世后的脸，总是把白衬衫袖子卷起来，领带扯松了歪在一边，倚在吧台抽烟，叫龙舌兰来喝。他的左眼下有一粒泪痣，在酒吧闪红闪蓝光影的劈杀里，令他的面孔显得尤为闪烁。我从未见过男人长泪痣，是这样才开始留意他。老实说那时我已知道我们身处一个很坏的世界，以及很坏的时机——有很多谜题找不到答案，有很多烂事一开头便无法收稍。但好在我是奉行及时行乐的人，顾不上那些穷根究底的事，不然也不会以开酒吧为生。

某几个意乱情迷的夜晚，也不知是谁先挑逗了谁，打烊之后，我会跟初时做爱。在他家或是我家，都很逼仄，但那不重要。他的性爱里有很克制的成分，可以做很久，但他自己却并不很享受。末了，他只是如释重负地交托了他的某个成分，长长地呼出一口气。除非必要，我们并不拥抱。我察觉他是一个孤独的人，并且有意地呵护着这种孤独。我想他是把孤独当成了一种本质在负担。他的肩很宽，也许负担得起。

我们并没有把关系深入下去。当然，很难说我一开头没有存着一点炮友转正的心，前几次之后我还等他跟我告白，后来彼此实在太熟，连做爱都不大好意思，渐渐也就不再做。我死了心，开始接受其他男伴，竟也捱过去。但其实你知道，所谓死心，不过是你不常想起你渴望的那些。

然则，许是因为一开始就已裸裎相见，我们又比普通异性来得要亲密。我生病时他会来探望我，把一只鸡炖得烂烂的，喂我喝汤。我看着他，有时误以为长相厮守就是这样。但清醒时我却很明白，实则我跟初时的关系，于他只是，不能交托自己的心。

那起凶案发生后大概十天，初时竟带着那哑女来找我，"有新线索，我得去一趟上游的山区，数日便回，请你替我照顾她。"

而她静静站在他身畔，头发高高束起，唇红如裂，面孔艳如魔魅，令人想起深渊与火。我突然感到痛，似被人拦腰劈了一刀那样的痛，因我不相信初时未曾被她吸引。她穿着一件灰绿色的大T恤，我认得那是初时的旧衣。

"你来，"我拖住她的手，去到我的房间，打开衣柜给她捡，她一下子挑中一条血红色的裙。哦，原来她爱穿红色的衣裳，我便从此叫她红衣。而那件T恤，我当天洗净了，于暴烈日头里风干，压在我的枕下。

不知为什么，那一天的日落特别的快。我想起人心的憔悴及其不可逆，所谓急景残年大抵就是这样。

我回头看一看红衣，她正在做三明治，放很多腌肉与青芥。察觉我看她，她便也回望我一眼，双目深暗，似黑猫在黑夜里走。我随口问她那晚看见死人是否害怕，她只微微一笑，薄而宁静，仿佛在说，其实看见什么也都一样。

生与死，得到与失去，不过是同一种痛苦的两个面相。

我疑心她天然地懂得这些，倒与看见了什么无关。

随后我便开车带红衣去了酒吧。等红绿灯时，她突然碰一碰我的手臂，让出她那一侧的车窗给我看。

我只见城市的天际线上正有一场夕照，灰淡云层一带一带堆叠而上，渐次由暮光橙铺陈至深海蓝。天地大美，令我与红衣对之无言。

而她的样子那么惊喜,唇角笑容薄而宁静,好似蝴蝶停留。我很为她的孩子气倾倒,却又禁不住想,难道,她竟没有见过日落么?

也不过才刚刚入夜,酒吧里已经人头攒动。

说起来,凶案就在后巷发生非但没有影响我的生意,反倒招徕更多好奇心切的客人。身逢末世,我们每一个都不是无辜的,我们每一个都很嗜血。

"我与初时,我们曾有过一个孩子,"我一面替客人调Bloody Mary,一面对红衣说。

她眼皮跳一跳,分明是听到了,听懂了,却没有表情。

其实也说不上是个孩子,那只是一枚受精卵,着落在我的体内,随即被冰冷地刮除。手术当天,我请厨房的印度籍帮佣陪我去医院签了字,事后他送我回家,将我抱去床上并且吻了我。痊愈不久,我便找个由头开除了他。你看,我又何尝是个好人,有人同情我,吻了我的嘴唇,我却Fire掉他。

"你不如以前爱说话了,"那之后的某一天,初时调侃我。当我强忍着小腹的隐痛与他说笑,我真想告诉他我所知道的语言何其苍白。正如我明白他的不爱,并且成全他的不爱,这一切都在静默地发生。语言何其苍白。

因为对方是他而不是别的什么人,我便无法言说,更谈何求告,抑或哭诉。如果明知一切都没有用处。

我无法告诉他，分开双腿如果不是出于爱欲，会变得多么没有尊严。而扼杀自己体内的一个细胞，使之泯灭于幽暗，竟可以这么的痛，并且这么滚烫。还有，那感觉是多么的糟糕，当我不得不承认，在这个霉烂不堪的世界上，我其实是黑暗的共犯。

夜已经很深，欲念衣锦夜行。

酒吧一角有人摔碎了玻璃杯，一个孤身男人掩住脸静静哭泣，另一侧有个女子正将整瓶威士忌沿脖颈灌入衣衫，引男伴来吮，两相痴缠间露出半只蜜色的乳房。荷尔蒙国度。欲念国度。在这样的时刻我总以为自己已见过很多，于是会想，爱也许不过是一种幻觉。

红衣静静坐在吧台一角，我说这些的时候，她只是垂着头听，一面转动手中那杯白兰地，晃得冰块叮叮当当响。红衣这个路数的艳女，美起来总觉有点凶相。倘我是个男人，或许会觉得与她打个照面，像是当胸给开了一枪，没救了。但我不为所动，女子对女子，总是有点残酷，出乎本能。这席话我憋了多年，在体内几乎生了苔藓，寂静生魔，几乎有煞，今天能够肆无忌惮地抖落给她，因为明知她不会说话，也无从表达，其实非常卑劣。

我想起曾经看过的一部电影：一个男人，从香港跑去南洋，对住吴哥窟的树洞诉说自己的秘密，所谓秘密也不过是他爱一个人而从未令她知道。

但其实爱慕一事，从来不是秘密。问题只在于对方，要不要知道。

那天后半夜，我遇见一件诡异的事。

当时我正在后巷吸烟，远远见到红衣跟几个男女站在一处黑暗角落，非常寂静。所有人默然肃立，彼此手握手围作一圈，各个低垂着头，他们的周身浮荡着绿光，仿佛火焰之一角，又像是深海中发光的水母或是藻类。难以言喻的妖氛。那无疑应是一种密仪、巫术、魔法（你能想到的所有神秘之事的名字），抑或是，某种无声的交流——无声是否可以交流？无声是否是更好的交流，如果当我们红口白牙说的未必尽是真言？

我凝视他们，良久良久，渐渐感觉到他们的非人，惊惧却令我无法移开眼睛。

之后，他们中的一个发现了我，试图向我走来。红衣却拦住他，中止了他们的仪式，继而遣散所有人，慢慢走回酒吧。昏暗路灯光影中，她笑容薄而宁静，好似蝴蝶停驻。

长夏的夜风淹然而至，她的发垂落，随风摆荡，似隐着绿色火。

远远传来江涛。

次日午后，当我醒转，客厅里，红衣仍在熟睡。我站在沙发前凝视她，她裸着上身，半趴着入睡，窗帘在她背部投下薄薄的黑影，日色中的红衣，看起来并没有那么多秘密。随即，我注意到，她的枕头下面露出初时那件绿色Ｔ恤的一角。

我想我低估了她。

至少低估了她对沈初时的渴望。

我已无法客观地判断初时是否对于别的女子都如对于我一样，那么吸引。

但我不排除这样一种可能，红衣或许也像我当年，为他面孔上的泪痣所蛊惑。并进一步认识到他的手，骨节分明，是好的；他的肩，强壮宽阔，是好的；乃至他的孤独、坚定、完善、遥不可触，也是好的。

凡此种种，都令我悲哀，因为我已永远失去了我的机会。

而她不露声色。她只是，默默地，与我抢夺一件旧Ｔ恤。

初时这一去，比我预料的要久。我与红衣之间，渐渐有一点尴尬。

红衣其人固然很美，但却美得不近人。仿佛太强的光，反而令人无法视物。她并非每日都来我这里，不知她在何处过夜。而我早已明白她实则并不需要我的照顾，便与她各行其是起来。

城市里凶案仍在陆续发生，尸体被发现，愈加频密。我感到惶惑,便拨了初时的电话。

"你几时回来?"我问他。

他却没有答我,只唤了我的名字,"花明,"电话那头沉寂下来,我聆听沙沙的电流声和他的呼吸,感觉离沈初时的心前所未有的近,良久,他才继续说话,嗓音疲倦而干涩,"这个案子,恐怕不是我可以解决的。"

当晚我做了一个梦。我梦见了静川。

静川,江底之国,族人身躯沉重,有石的密度。

大禹治水之时,他们曾是禹的扈从。功成后,他们便作为神使镇守此地。因静川之下有江渊万丈,渊中有鱼,其名为鲲。鲲之大,巨如山脉,它从不游动,一旦游动,八荒四合便有祸了。

静川族人曾在神前盟誓,乃得裂石补天之力,而作为代价,他们需供奉世世代代的缄默,倘若背约,便顷刻化为石像。

故此,千年又千年,他们哑然地存在,彼此之间仅以神识交流。

梦中,我潜入水底,变幻了样貌。

红色鱼群向我的裸身趋附,成为纹饰,它们使我游得更快。我的左耳饰有蓝翼鸟，右耳别着五彩蛇。我在墨绿而至无尽之黑的江水中孤独下坠。

天地间没有仁爱可言，生命的存在只是为了自证其卑微。

深渊近在咫尺，渊内传来巨大而迟缓的轰鸣，那是鲲的呼吸。我逼近川底山脉般巨大的黑影，鲲的本体。而我的王，正率领她的千军万马，不眠不休地缝补鲲的一枚鳞片。

鳞片一旦掉落，鲲就会醒来，游动，带来灭顶之灾。

上百日来，我的族人合力缝补那个裂隙，也仅仅令它扩大得慢一些而已。

我靠近我的王，从皮囊中取出近日捕获的人心，一枚一枚递给她检视，她停下针线，翻看它们，末了，只是摇了摇头。

洪荒世代，大神留下谕示，要阻止鲲的苏醒，必须从嚣闹不堪的尘世获得一颗静默的心，然后，当它还在跳动时，以静川的秘密封印它，这样它才会化作鲲的鳞片。过去的数十日中，我与同伴四出捕心，疲于奔命，却皆是徒劳。究竟是哪里做得不对？

"劫难迫在眉睫，谜题依然不向你我打开，应该怎么办？"这是我的王在对我以心传心，"时间已经不多，做好覆亡的准备还来得及。是不是，这就是我们的宿命？"她伸手抚一抚我的肩。

贝类在死亡之前尤其柔软,而只有在无能为力的时刻,我们才会屈尊温柔。

静川一族自古强大,但越是如此,如今就越像是个笑话,因为总有什么凌驾于强大之上。平衡者会跌落,美丽者会衰朽,真理之所以是真理因它不断重复却永不出错,没有人逃得过。突然之间我感到,我的人生极之沉重,在八荒四合的宿命面前,我甚至无法睁开眼睛。

初时,如果世上没有静川,而我也不是一个捕心者。

我在心之裂裂作痛中醒来。天花板上正映着汽车光柱,由远而近,很快消失。

我长舒一口气——尘世在此,没有静川,也没有捕心者。

一转头却见红衣卧在身畔,以手支头,长发如瀑,静谧地泻在我的竹席之上。她凝视我。我惊到几乎跃起。她却伸手掩住了我的口,之后又用这只手,轻轻巧巧在我胸口划了一个圈。我的左乳,便就此痛了起来。

至此我不得不承认,我恐惧红衣。像犬怕豹,像眼疾者畏光,像孤独症者拒避爱情。都是本能。我又注意到她绿色的发,像水藻,像蛇,她竟活生生地是个美杜莎,但她的脸比美杜莎要美。此刻,她忧虑而哀伤,仿佛一朵红玫瑰被烧成灰烬。

于是我明白那不是一个梦。

片刻之前,我成为她,我就是她。这是她的表达。寂静的,私密的,但是深入的。

而她的嘴角浮现一抹笑容,十分有恃无恐,那个意思我猜得到——你大可说出去,但是,没有人会相信你。

"警方近日在大荒山区发现更多尸体。截至目前,遇害者已达十九人之多。根据作案手法,警方确定是同一凶手所为。侦破工作仍在继续……"酒吧里客人都转脸看这则新闻,听到这里,纷纷嗤之以鼻。

"一个月了仍无法破案,真正无能。"

"我见过尸体,好恶心。看一眼,三天不用吃饭。"

"不知凶手是男是女?或者就在我们当中。"

"嘘,晚上不要单独出门就是了。"

他们扭过头去继续喝酒,猜拳,也许愉快,也许并不。我们的心其实多么残暴,很懂得为痛苦(别人的痛苦)而亢奋。血肉模糊不过是谈资之一种。世界毁灭未尝不是一桩好事。

我却留意到刚才的镜头里出现了初时,一秒甚至更短,穿着便衣,没有刮胡子。

半小时后,初时就是这个形象出现在我的酒吧。

"她在哪里?"他问。

"我不是她的保姆。"

他疲倦地用手抹一抹脸，无力与我争执，只在吧台一侧坐下，"花明，我在大荒山找到一个线索，但不被重视。"

"说来听听？"我饶有兴趣地看着他，就像看小男孩对着虚空出剑。初时就是这一点可爱，对无望的事也充满孤勇，即使明知必败或是无解，依然执着。说来也对，一场好的人生，在必死之前，都务必挥霍自己的性命。

"我在大荒山的江边找到一个摆渡人，他说，在阴历六月十五日祭山神那天他看见一桩怪事。"

那摆渡人在后半夜起来小解，忽然听见江中有异样的水声，看时，只见白浪翻涌当中，一列男女正鱼贯出水，像是循着某种不可闻的乐声，徐徐前行。

他们赤裸的身体，前一刻还如大理石般灰淡冰冷，然，一旦暴露在月光之下，便在瞬间变成柔软的肌肤，如珠玉有光。而走在最末的那名女子，她的头上正逐寸长出头发，黑发如蛇般蜿蜒过她的耳、她的肩、她的臀，很快便及膝弯，之后，她回头，望向摆渡人藏身的苇丛，对着他，嫣然一笑。

这时山间的祭典仍在继续，按照习俗，要到天明方休。密林间回荡着山民们幽微的歌唱，半山中浮荡着一带飘渺的红光，那是他们的火把。摆渡人仰着头，目睹那奇异的队列混入祭祀中行进的人群。

"我没有告诉任何人,因为我以为自己不过是在做梦。"他说。

未及答言我的眼前便闪过一道绿影,红衣不知何时已来了,仍穿着那件旧绿 T,她扑进初时怀中,轻快如同蓝鸟。

初时显然很高兴见到她,也不说话,只一下一下抚摸她的发,并且吻了她很久。

我借故走开,去后巷抽了一支烟,烟雾令我双目酸涩。妈的,这样的时刻,竟比想象中更加难熬。

也不知为什么我突然想起过去曾有一些周末,初时下了班会拎着小菜来找我,那时我才起身不久,洗了澡,头发湿漉漉地披在背后,看他在厨房里煮饭。气氛静谧,半梦半醒。夕照如斯热烈,一天一地都是金沙,细细泻下。我该如何告诉初时,我曾以为那就是爱情。

我目送初时与红衣走掉,给自己倒了龙舌兰来喝,很快又是一杯,接着再一杯。那夜真是奇耻大辱,身为 Barkeeper 的我,醉得一塌糊涂。

以至于数日后初时再来,竟对我说,"花明,几天不见,你胖了。"

他又哪晓得,这不是胖,这是宿醉的浮肿。

转眼入秋，金风袭人，一天一地都是凉飕飕的兵刀之气。

不再有人遇害，凶杀似乎告一段落。媒体与大众平息下来，喘一口气，而我知道这只是一种暂时——红衣不像是会轻言放弃的人。

那天酒吧打烊之后，我却不想回家，只坐在酒吧顶层的露台上抽烟。楼下的唱机里播着一张李克勤的旧专辑，嗓音清澈而激越。江风很劲，带来十分狂浪的水腥气。凌晨四点的酒吧街，比寂静还要寂静。

如果世界真如红衣所说，即将毁灭，而毁灭，十分荒谬地系于某条鱼的一枚鳞片。

So this is the way the world ends. Not with a bang but a whimper.

世界终结的方式，不是"砰"的一声，而是一阵呜咽。当然，当然我也读 T.S. 艾略特，但是有什么用？好的诗，坏的诗，初时与我，还有我们之间暧昧而隐微的关系，以及我对于这种关系的追问，种种，种种，都将湮没于洪水或火，或是时间的暗影。没有证据，全部成灰。我宁愿我曾生下那个婴儿。

这时我听见木楼梯轻轻响了两记。

回头便见到一个细长的影子，没有心，没有重量。它向我湮盖过来，穿着那袭野火般的红裙，它靠近，仿佛爱情靠近。

红衣，红衣，我没有见过比她更哀伤的人。

我伸出手承接了她。她的手滚烫如火，仿佛有岩浆在指尖涌动。红衣看着我，眼中不断流泪，她的手忽然一变，化作石刀，寒光凛凛。但她却只是在我掌心割出一道伤口，我流了血，但因为太惊惧，竟不觉得痛。她碰触我的血，我便觉有烈火在体内烧起来，血管焦灼，摧枯拉朽。片刻之后，一道语言或者说思绪的流，向我压迫过来。那不是听到或是读到，我只是毫无障碍地，懂得了红衣。

静川一族，曾以缄默为誓，若要明白他们，通晓他们的表达，凡人需以鲜血为介质。

"花明，你们尘世里有一则故事，讲一个来自水底的女人，必须在日出之前，得到一个男人的心，否则她便无法得到不灭的灵魂，否则她便会化作气泡。"

我点头，那是海的女儿。

"我与初时的故事，只有更复杂。"她伏在我的膝头，默默流泪。

"红衣，这不是你的错，"我抚摸她的发，她的发长而浓密，暗绿如苔，触手生凉，"而要得到一个人的心，何其曲折。"

"我考虑过放弃，天塌地陷又怎样？反正我与初时，终究死在一起。"她抬起面孔望着我，双目灼灼，如电光石火。楼下的黑暗里传来李克勤清澈的声线——"浩劫中，躲不了，但我至少可跟你，含着笑地告别繁华"。生之所恋，不过是那有限的几个人，离合悲欢，无非缘起缘灭，更自我一点来讲，死后哪管洪水滔天。但很快她便黯然下去，"可是不行。我的族人不会原谅我。而这个世上，有的婴儿刚刚出生，还没有笑过。"

我感到非常悲伤，因仍有纯洁的生命不断降临这个发霉的世界。我问她："那么红衣，你打算怎么办？"她却没有答我。

长夜已尽，东方曙色初动。

天际线上，蓝云渐转至灰。江心尚未醒转，昏沉沉的，却有白鸟振翅飞过，极之惊艳。远处隐隐传来市声。

浮生如梦，日出而作，又是一天。

当晚便见了初时。

我去时他已到了。独自伏在吧台，嘈杂的爵士乐与人声当中，他倒也能睡着。

初时手边龙舌兰里的冰块已化得差不多，想必来了很久。浅睡中，他双眉紧锁，鬓角很长，且已微微飞霜。为了这个案子抑或为了红衣，他竟老了。我忍不住想要伸手去碰一下他的鬓角，但肩臂仿佛重逾千斤，无法抬举。隐恋一如沼泽，困人至深，令人没有力量。软弱如我，此时此刻只能咬紧牙关，承受着体内如虫噬般难耐的温柔，几近决堤。

酒吧今夜有人包场，为即将结婚的准新郎办单身派对。这时恰逢脱衣舞娘登台，她来时伴随一道强光，石破天惊地出现。然后，她开始很慢很慢地扭动，并且，更慢更慢地剥落她的面纱、蕾丝马甲、网眼袜和长手套。她舞得那么慢，就像游动，就像失重。陌生而诱惑，但却不能被拥入怀中。脱衣舞的本质，实则是创造不能被拥抱的欲望对象。酒吧里四处都是男人的呼哨，几乎闻得到荷尔蒙的涨潮，无数只手拿着钞票企图把它们塞进舞娘的真丝吊袜带。

初时终于被吵醒，揉一揉眼睛，转身看向那舞娘。她在他的眼里投下浪荡而妩媚的影子。我看着他的侧脸，欲望已被唤醒，晨光般渐渐爬上他的眼、鼻和唇。

但他的欲望也是孤独的，其中没有我。

午夜时我在洗手间撞见那脱衣舞娘，斑驳灯影里，她与我擦肩而过，钗横鬓乱，带同一身艳魅的香氛，仿佛梦游的兽。随即我见到初时，从同一个隔间步出，手里握着他的领带。他抬头见是我，却并不尴尬，脸上懒懒的，是欲望得到餍足后的松弛。

"你也可以这么随性？"我笑他。

他却不答，倒突然问我："花明，你怎么看红衣？"

我俯身以凉水扑一扑面孔，"她很美。"

"除了这个，"初时不依不饶。

洗手间的镜子已经碎裂，我望着镜子里自己四分五裂的脸，"还有你很爱她。"

"花明，我原以为爱人是一件快乐的事，"初时的声音充满苦涩，我却无法安慰他。

爱人何尝是一件快乐的事？它太深刻，以至于不能轻言苦乐。而人的心难以把捉，仿佛风，不知所起，却在空间中流离、旋动，然后是激烈的转折，并最终臣服于阻力，跌堕、平息、归于幽暗。有时明明深爱一个人，却可以那么静——那几乎就是在漫长的时间里，用各种方式来制止自己发声：祷告、买醉、哭泣、在他人的臂弯内暂歇。但其实这些方式的用处，也有限得很。

"我怀疑红衣跟那桩案子有莫大关系，"初时低声道，"你还记得大荒山渡口的摆渡人？三天前他来局里做了疑犯素描，画出来的女人跟红衣很像。时间也吻合。我们最早是在市内发现尸体，但实际上此前已有四起凶案发生在大荒山一带。"随后，法医在十九位死者的伤口里都发现一种罕见的藻类。那种藻只可能来自静川的深处。初时将红衣剪下的手指甲送去化验，其中有与该藻相同的成分。

初时扳住我的肩，他的手很大，捏得我很痛，他说："花明，你看着我，我是否精神失常？她越来越可疑，但我却不能够逼问她。"我闭上眼，不去看他。审视一个为爱变得盲目的人是很残酷的。于他，于我，都是这样。

窗外绵绵密密,正下起今秋第一场雨。

这场雨下了一个礼拜,酒吧的生意就此清淡下来。

红衣与初时的故事令我疲倦,秘密也令我疲倦,我计划进行一次旅行。

那天下午雨停了。空气光滑清透,如同宋瓷。我去了酒吧盘点。店内无人,阳光极淡极淡地照进来,在地板上留下金色光带。没有人,没有欲念。我突然感到寂寞,不应该在午后来酒吧的,太荒了。唱机里仍是那张李克勤,开头唱得一咏三叹,而后陡然剧烈,像是自己也对这番深情感到心惊——"但我的心每分每刻仍然被他占有",那么动人魂胆。我苦笑,伏在吧台点了一支烟,忽想起也不过是几年前,那时候的花明多么年轻,英勇无畏,不怕爱上任何人,不怕与任何秘密对峙,不怕黑暗。

不料初时竟与红衣手拖手进来,对我笑道,"孵在这里做什么?我们找你半天。"他们逆光而来,仿佛好莱坞大片里英雄的出场,晃得我微微眯起眼睛。

初时又嚷肚子饿,我们便做意大利面来吃,放很多辣椒与香料,吃得初时直吐舌头,似一只大狗,我跟红衣拊掌大笑。红衣今日仍穿那袭红裙,光着两条瘦伶伶的胳膊,倒也不嫌冷。她跳下吧凳,跑来吧台后面拉开我的秘密酒柜,中有唐培里侬玫瑰香槟数支,她并不同我客气,立即打开来喝，喝得笑嘻嘻。之后她搂着我，将嘴唇凑上我的耳朵，但却无话，只听见她的呼吸，急促而汹涌，十分诱惑。

黄昏时我们皆已微醺，初时却提议，"我们去江边，"遂拥着我与红衣跑过一个又一个小水洼，去到江滩的乱石堆。红衣兴致颇高，一手拎一瓶香槟。我转头看她，她笑得双眼弯弯，如狐之媚，长睫毛微微颤动，又如蓝蝴蝶振翼。

江风吹动芦苇发出极大的沙沙声，仿佛有巨大的鸟，在苇丛中起落。

我就此忘记世界的毁灭，也忘记爱，只是单纯地因酒精而愉悦。是那么愉悦，我几乎快要原谅生命的卑微与艰难。

很快便入了夜，我们扔下的酒瓶被风吹得滚来滚去。我们三个都已醉得不能直立，并排躺在江滩的巨石上，看天幕上星子闪烁。

我转头，望着初时的眼睛，几番想要告诉他我爱他，但到底也没有。沉默已入骨，我已失去开口言爱的能力。我只能伸手抚触他的面部轮廓，还有他左眼下的泪痣，而初时只是微笑，脸颊轻轻迎合我的手掌。

"花明，"他突然叫我的名字，"我与红衣，是专程来向你道别。"

"哦？你们知道我要去旅行？"我一味醉笑，勉力支起头来看着他，手托着腮。

"我去过静川了。他们需要一颗心。红衣问我的意愿,我说我愿意。花明,这是唯一的办法。"我们没有选择,因为宿命如此。其实从不存在自由意志。

闻言,我艰难地转头,看向红衣,"这是真的吗?你要带走他?"

她点头,双目幽深如夜,是黑猫在黑夜里走。我便知,在渊底,她必将亲手杀了他。

从喧嚣的尘世捕获一枚静默的心,然后,以秘密将它封印,这心器便能化作鲲的鳞片,使世界免于毁灭。

我难过得不断干呕,红衣体贴地从身后揽住我的头发,我却不能领情,只扭身扑上去打她,"这就是你想到的办法吗?"我已陷入狂乱,一巴掌一巴掌扇在她的脸上,"你不能带走他。你不能带走他。"

但红衣并不反抗,甚至不躲开,她只是静静望着我,嘴角是一抹暗色的血痕。

到后来我力竭,便跪在地上哀恳:"请你把他还给我,请把他还给我,"多么没有尊严,而且不知道究竟在说哪件事。但其实两件事也都是一样。

初时闻言蹲下,他轻拨我的肩膀,我便伏在他的怀中,"花明,这样很好,不必为我难过。"

我抬头看着他,徒劳地张了张嘴,却找不到词语,也找不到声音。

"我知道，我都知道。"他竟在笑，一面用力替我抹去眼泪。

很快他二人褪去衣衫，在秋夜的江风中，冰静如同石像。

风影急剧晃动，红衣的身体上有芦苇投下斑斑驳驳的阴影，泼墨也似竟如另一件衣。而初时十分坚定。所谓坚定便是，在明知结局如何的前提下，依然决定如此。这样，他才与静川盟誓，结下地老天荒的情契。

这时红衣的同伴已渐渐麇集，亦皆全身赤裸，肌肤有柔光弥漫，如同珠玉。他们并无太多交流，只是静静排成一列，慢慢走过江滩，去到水中。其时风生水起，白浪朝两侧涌起，仿佛摩西分开红海。初时走在最后，终已不曾回顾。他的肩很宽，承担孤独，也承担宿命。我看着江水一点一点没过他的肩和头顶，知道自己永生永世无法承受失去他。

江面随即复原，仿佛没有吞没过什么。

我发狠潜入水中，但江心黢黑一片，无法看也无法听。而且因为情绪激动，很快便呛了水。我狼狈地扑回岸边，软倒在乱石之上，无法起身，只是一面咳嗽一面嚎哭。我仰起脸，对着黑沉沉的天幕发出毫无意义的啸叫。

天地不仁。我们不过是在自证卑微。

此时此刻，语言是多么苍白。

曾经我养一只狗，十一年后它死了，我还时常听见木地板上有它"咔咔咔"的脚步声，很细碎的。我想我此刻对于沈初时的心情，就像是这种脚步声。追无可追，不过是一种幻听。

我知道初时已经不在人世，却从未梦到过他，甚至也没有再梦到那个充满巨大阴影与回响的深渊。我与他之间并无感应，我不奇怪，只是隐隐有点失望。

刑警沈初时的失踪令夏天的命案再次受到关注。报章上出现各式各样的猜测，其中绝大多数认定初时为凶手。人人都在揣测他的下落，酒吧的客人有时会问我："你是沈警官密友，能否透露一二？"

我只微微一笑，"男人跟女人做朋友，再亲密也有限。"

这个秘密于我，如贝中有珠，虽受磨砺之痛倒也温柔彻骨。是秘密而不是别的什么，使我与初时亲近，怀揣它仿佛寒天有火、暑天有风，那么好，那么必需。有时恍神，望着吧台一角仿佛仍看见初时那张聪明人厌世后的面孔，我不禁把这秘密又往内心深处埋一埋——在初时与我的关系中，它已是我的仅有。

去警局自首那天，下着一点雨。黄昏，马路上闪着银白的光。

我撑一把绿莹莹的伞。到时，我收了伞，拂一拂头发，坐在凳上，告诉接待我的小警花，我杀了二十一个人。

她不信，我便跟她说细节，说我如何将沈初时和他的女友哄去江滩，待他们喝醉，把石头缚在他们身上，推落江中。又说我如何将人心取出，托在掌中，看着它扑扑跳动，而对方仍活着，徒劳地向我凸着眼睛。她捂着耳跑开，一面尖叫，我转头望向窗外，那里如镜般映出我的脸，我竟在笑。

因为实在罪大恶极，很快被判死刑立即执行，我没有上诉。

一个人如果一心求死，其实可以很快。

"你为什么要那么做？"一个记者问我，他身高在一百八十公分以上重逾八十公斤，但他身体绷得很紧，看着我时瞳孔都变细。啧啧，他怕我。

至此我倒松弛了，反问他，"你一生中有没有特别渴望的事？"

他喉头发干，勉强咽了一口唾沫，道："周末不用加班？"

我笑起来，"我渴望与某某一道周游世界，去印度看肚皮舞，到罗马吃披萨，在苏格兰石楠花开的孤岛上听着海浪喝威士忌。我渴望成为他的爱人。"

妈的，谁知道这是怎么一回事？也许不过是太想成为红衣，于是连她的罪也一并拿过去。

罪恶是她的本质，就好比孤独之于沈初时，沉默于我。

六百八十五年之后，博物馆里展出了一尊石像。

石像通体淡青，是个女郎。光头，裸身，双腿修长，眼眉深邃而艳丽，唇角笑容薄而宁静，似有蝴蝶停驻。但最诡异之处，是她与一具白骨紧紧相拥，彼此镶嵌，不能分开。你们一定猜得到，这是红衣与初时。

那一日是怎样？红衣亲手取出初时的心。他的心不大，淡红色，在她掌中卜卜跳动。随后，渐渐弥散的血痕里，初时向红衣伸出手，红衣知道，这一次他抱她，将会抱很久。她便游进他的怀中，以他的双臂扣住自己的腰，然后打破静川的盟誓，以地老天荒未曾发声的喉咙，沙哑地开口："初时不要怕，我陪你。"片刻之后，红衣化作石像，带着初时的尸身向着深渊底部跌坠。

遗憾的是，鲲之鳞并未因此变得完整。

静川族人见此，在渊旁矗立片刻，仿佛默哀。但很快，他们便聚拢，继续缝鳞，不问其他。所谓神性，乃是对宿命的顺从，像是西西弗斯，不断将滚落的巨石推向山巅。不追问，不放弃，也无所谓缘由，因为这是正在发生的事。

而鲲的鳞片最终完善是在七天之后，当一枚尘世的子弹洞穿花明的心脏。

那一刹，八荒四合都起震动，静川之水为之跌宕，极快，如电光一闪，随即恢复平静。

静默与守秘之心难得。
炼心为鳞之事，千秋万载，只有过这么一次。

但你知，你一向都知，世上没有哪一种感情，不能以静默表达。

秋天该很好：写在《静川》之后

帝都入秋以来，天气好得惊人。空气清透如瓷，夏日烈焰已烧为灰烬，绿荫依然浓烈，而日色却渐如白地飞金，薄而锋利。

我不断想起张国荣的那首歌——"秋天该很好，你若尚在场，秋风即使带凉亦漂亮"。追缅一个人，甚至不惜让自己变得软弱，变得没有能力欣赏季节。这样一首歌，真令人心碎。

长夏将尽的某个夜晚，我完成了《静川》的书写，那一刻，觉得力竭。

像是一直扛着巨石往前走,直到卸下,才敢言累,否则之前将无法坚持。

此番书写,就像是一场病,持续地向内毁蚀。因以静默书写静默,实在非常徒劳。

在这个故事里,我尝试描述一种可以为之生、为之死,但却无法发声的感情。花明如此,红衣又何尝不是这样。

再者,我想为不被爱者写些什么,为他们黑暗的焦灼与无果的消耗。

我想知道,究竟是什么,使得一个人寂静地爱着另一个人?明明抱着指望,却又好像死了心一样?

书写的过程非常艰难,仿佛炼金,得不偿失。

然而,炼金术士的快乐,乃是在于功成一刻的闪亮,金块的大小倒在其次。

而由于视角的转换,有时情绪上十分汹涌,却不得不强行压制,感觉憋闷,几要吐血。

世上的感情,在某些时刻,就算出声也没有用处,就算哭喊也没有用处。如果对方不属你。

《圣经》里写,"不要惊动,不要叫醒我的爱人,等他自己情愿"。是大智慧。

因为如果用爱换不到的，用尊严去换，情形只有更糟。

九月，熊宝的婚宴设在青岛。

我刚开学，一脑门都是事儿，却也搭了红眼航班，披星戴月地赶过去。

那晚在啤酒街的大排档，168club聚首，大啖海鲜，吃得两手汁液淋漓。金啤很好入口，千杯不醉。熊宝却已喝昏了，坐在那里不说话，叫她时，只将眼神一点一点挪过来。幸福令人变钝，真是颠扑不破。

作为礼物，她希望我写一个happy ending的故事送给她。

然而，嗜黑者如我，却未必写得出。

我想起几年前，在北京，也是秋天，曾跟她约在学校南门的咖啡馆。

那时我们都很动荡，各有各的心事。彼此诉说，却不能告慰。

离对方的心那么近，末了，却也只能在秋风四起的街头给对方一个拥抱。她又瘦，抱起来特别没有着落，像抱着风。

人呢，说到底，还真是孤独。

但我记得她的清坚决绝，还有夕阳里她面孔和肩头的光，我一点也不担心她。

再有几日，又是张国荣冥诞。

有一个视频里，他穿着裙，头发挽成髻，在台上唱那首《春夏秋冬》——"冬天该很好，你若尚在场，天空多灰我们亦放亮"，嗓音悲伤而华丽。

我记得很清楚，他右眼下有一粒亮钻，不时闪一闪，很魅惑，像眼泪。

不错，曾有过共度春夏秋冬的亲密爱人，后又失去了他，的确值得感伤。

然而时间湮盖之下，一切痛楚都将成灰——一切欢愉亦然。

秋天该很好，你在或不在，也都一样。

2012 年 9 月 8 日

风间

题记：是本质的深渊令人与人离散，不要有怨憎。

"郑女士，我的叔父曾有幸收藏您的一幅作品，那是他此生最为钟爱的画作。我曾多次见过它。一只巨大的蓝鸟，却长着女人的面孔，表情狰狞而凄楚，在银丝般细细密密的雨中飞行。即便是在我很年幼的时候仍然被它震撼。画中人，或者说那个生物仿佛存在千百种可能，下一秒钟它也许崩解也许变形。无论多少次看到，它都令我的心揪成一团。你还记得它吗？"

"记得，当然，"郑红衣回答，"那是风系列第九十三号，当年由香港 Christie's 拍出，价格不菲。原来收藏者是你的亲人，他有很好的眼光，替我谢谢他。"

女记者讶异，挑起一边眉毛："哇噢，你竟全都记得。"

郑红衣没有说话，只微微一笑。

"世人对这个系列充满好奇，郑女士，那是您创作生涯的巅峰。而它竟出现得如此之早。直到完成这个系列上百幅作品,您也不过三十出头,对吧?"

郑红衣点了点头。此时,过分强烈的阳光正照在她的银发上,形成薄薄光晕。她穿着一件宽大的黑衬衫,瘦,仿佛一根刺,抽着烟,面孔笼着一层雾。这一切使得她愈发退后,愈发遥远,同时也就愈发不真切。

"风系列之后,您的画风逐渐稳定下来,技法也更为成熟,但却再也没有创作出从感情强度上超越它们的作品。您在那么年轻的时候就已碰触到自身的边界和顶点,真是不可思议。我想人们会有兴趣知道,在那段时间,是什么激发了您?"记者是个白净斯文的年轻女子,此刻,她面孔上流露出的不单单是职业的笑容,还有一种发自内心的好奇。

采访已经持续了近两个钟头,是在郑红衣的工作室进行。作为一间画室,它有点过分的大,和荒疏。画架上有一幅画,尚未完工,用色清清淡淡,是一束马蹄莲。画室建在山崖,周遭林木森然,日色浓烈,在旧得发白的榉木地板上投下羽状阴影,风来时仿佛波涌,一浪一浪轻拍,好似水殿风来,一室生凉,但盛夏热浪却卷来帘外栀子花的甘香。静下来,一山都是蝉噪。然而,西面的落地长窗却正对着沙漠,无边的,滚烫的。再一步,已是绝境。没有人,没有人的感情。

红衣像是厌倦了回答问题,只摁灭手中的烟,将头转向那片沙漠，轻声说："很快就要日落，很美，你一定要看一看。"

郑红衣，画家，时年七十六岁，她的五十年回顾画展将于下礼拜开幕。

有点像是一个谜。郑红衣早年籍籍无名，却在三十岁左右瞬间达到创作的巅峰，仿佛火山喷发。不，比火山喷发更玄妙，一场流星雨从天而降也许，却没有预示也没有先兆。"那就像是一道强光，突然照进了她所看到、所触碰、所表达的一切"，她的导师曾经这样评价。而在最强烈的闪耀过去之后，接下来的岁月都不过是那场闪耀似是而非的折射，即便如此，这场折射竟也持续了四十余年。

如此强烈的光，因为就连它的淡出都那么漫长。

"不过是因为最深刻的缺失，"红衣说，"我们每一个人都无法克服自身的属性。"

那记者有点惶惑，不知红衣在说什么，忽又记起刚才自己那个问题，赶紧将录音笔挪近一些。红衣接过那支录音笔，在手中把玩一阵，却又将它关掉，仍然是很轻声地，她说："姑娘，这是我最后一次接受采访，不如，就送你一个故事吧。"

那一年，我二十七岁。

夏天刚开始的时候，我经历了一次糟糕的失恋。

痛苦像一件湿透的紧身衣束缚我，困绑我，令我发狂、崩毁、炸裂。我不饮不食，低烧、厌世、更遑论拿起画笔。彼时，只有性与大麻带来的甜腥跟晕眩可以安慰我，降低我的体温，并对我所有的问题给出答案——倘若快乐不肯来找你，你就到它那里去。

是在那段日子的某个夜里，我跟一众玩伴算塔罗，占卜的结果说，我们应该去西边。那时是真的疯，我们当即跑下楼，挤上不知谁开来的烂吉普，一路往西开。其间路过空阔的风田，以及深蓝近于紫色的夜，在那里，巨大的白色钢铁风车正缓缓旋动，一圈一圈，绞杀我，绞杀我。当我清醒过来，我们已抵达沙漠深处，在一小片绿洲扎营。寻欢作乐到哪儿还不都一样：飞杯换盏，彼此在黑暗中传递一根大麻，之后通宵做爱。在不断加速旋转的宇宙中，我变成一道尖叫的彩虹。

也不知过了多久，我饿得前心贴后背，遂手脚并用攀过尚在昏睡的同伴的身体，挣扎到汽车后备箱里找食物。

隔着车窗，我清楚听见风的起落、呼啸与回旋，不由得打了个寒噤，不是因为冷，而是因为，太孤独了，那样的风声。

当我一边咬巧克力一边望着近旁沙丘不断变幻的伏线，

东方正有一带银色光束越来越近。我想那该是日出吧，便随手裹了一条毯下车，迎上去。我赤足踏着沙走，不知是陷落还是前行，靠近又靠近，却始终无法抵达。可我依然继续，仿佛受到莫大蛊惑。

不久，周遭静下来。没有风，没有声音。我开始看到异常的事物。

我看到，一个赤裸的人长着绿色蛇脸，鼻翼宽而扁，双目小而透明，生在面孔两侧，并且他正对住我笑，笑时唇角越咧越开，及至耳根。

我吓坏了，以为那是大麻的后座力，抑或同伴们的玩笑，于是当他凑得足够近，我便扇了他一巴掌，骇笑着骂道，"傻逼，别闹。"

但我错了。

那人非但没有如我希望地摘下面具，反而变得越来越不像人——他的手足渐渐消失，肌肤逐寸覆上鳞片，躯干变窄、拉长并且柔韧起来。他在变形。他正在变成一条蛇！

我想要跑开，却无法挪动双脚，只好呆呆立在原地，听他对我说，"啊哈，我知道了，你是尘世族人。你们终生只有一个形貌。"

不，我想说其实也没有那么单调吧，我们出生时软软小小，成年后僵直不堪，到老来皮塌肉陷、徒具形骸。我们也经历变形，但，不至于变得这样快，而且，这样……随性？天知道该怎么形容。

然而我根本开不了口，他已用他冷血动物的身体卷住了我。

颤抖全无用处，我决定豁出去，厉声问他："你是谁？我在哪儿？这是哪门子法术？"

"我叫叶暗，是风间的王。这不是法术，这是我们的属性，"他带着我，腾空而起。

女娲氏抟土造人之前，曾以金沙为肌、鸟羽为骨，造出一个族群。

因为身体质地的精美，其族人姿容艳丽，且形貌如流，千变万化。

日复一日，他们一再一再地变形，逾越形体、属性以及物种的边界，或快或慢地改变着自身的面貌和身形，仿佛流动的水，或是火。

他们世世代代生息在另一时空。这个时空，被女娲氏命名为"风间"。

风间的夜晚没有风，特别静。神经质的静，令人幻听的那种。

我蜷身而坐，疲累到极点，却无法入睡。这里甚至没有床，所谓卧室，不过是一个巨大的浅坑，其中铺着柔软的白草。

"红衣，还好吗？"门口出现一条黑影，谢天谢地是个人形。

我摇了摇头，"我想回家。"

那人就在暗影里发出轻微嗤笑，"你知道吗？你之所以能够来到这里，恰恰是因为你跟尘世的纽带已经很稀薄了。"

"我的朋友们都在等我，"我反驳。

叶暗叹一口气，走过来，在我身边坐下，"那么当你感到痛苦，他们可有提供耳朵倾听，可有提供肩膀倚靠？可有竭力为你提供一个答案，即使他们自己也有许多无解的问题？"闻言，我的心突然空空荡荡，仿佛有一千只气球同时升空，连一句话、一丝感触都找不到，只得抬头看向他。摇荡的烛火中，叶暗保持着人的形态，可是其面部和身体的金色线条却如同风中的沙丘，每一次呼吸都改变着形态。那些起伏与凹凸一如潮汐，自有节律，并且带有一种难言而隐微的美。那就仿佛女娲的手在她死去千万年之后仍在抚触着他、塑造着他。风间族人，呵，真是女娲的宠儿。

于是我忍不住伸出手去，触碰他的面孔，一下，又一下。它温热而有弹性，并非幻象。

叶暗并不避开，只哈哈大笑道："红衣，我不是妖怪。我们只是，跟你们不一样。"

我又注意到此刻他的眼珠是一种罕见的棕红色，我想，这眼睛真是温柔，又想，不，那也许只是火映上他的瞳孔。

"喂，说真的，你们尘世哪里好？"叶暗问我。

"至少我们有一样东西叫做'床'，疲惫或者伤痛时，爬上去蒙头大睡，睡醒不怕另有将来，"我环顾四周，"你看你们，还没有死，却在这个浅浅的坟里把自己给葬了。"

他竟丝毫不以为忤，"噢？你这样看？真有趣，"说着仍是笑，左颊现出一个酒窝。待我定睛再看时，那酒窝已没有了。

"这样变来变去累不累？"我问，打着哈欠。

"就像呼吸和眨眼。你成天干这两件事，累不累？"他反问我，"变形是我们的性质，甚至不能算是能力。因各人体质的不同，我们每个人变形的速度与频率也不一致。"

我无言，只是更加仔细地盯着他。变形如此和缓而微妙，仿佛浪潮一遍一遍掠过海岸线。

"看呆了看呆了，真是傻。快睡，明天带你去一个地方。"他走了，走时揉一揉我的脑袋，似对小动物。

转过身去的那一刻，他开始急剧地变形，我看不见他的面孔，但他的双臂陡然扬起如翼，在墙上留下巨大而动荡的金色光影。

次日我见到了叶暗的族人。

他们逐渐在广场上聚集，不，也许我应该说，它们。

举目四望，仿佛长时间盯着水波中疾速流逝的倒影——动荡不安，但却艳异非凡。好比说，我的近旁站着一名卫兵，半张脸上都是碎钻般的鱼鳞，似戴着面具，但不过一支烟的工夫他已通身化为萤火，映得一天一地都是绿宝石。还有一位，从广场东侧走近，身形庞大无比，且闪闪烁烁，仿佛一座金山将要徐徐振翅飞去，而当她站定，变形猛然加剧，数百万只蝙蝠自她胸腔飞出，直至她被拆解，直至她不存在，并迅速在原地合成毫不相干的人形，一名金色的裸女，她撩起蜜色长发，锁骨处线索般保留一枚蝙蝠纹身。

羊身人面的萨提尔，身上织着蛛网的黑猫，女子阴道中长出的白天鹅，绿狐，蓝象，红鲸，所有你曾见或不曾见的幻象。

那是一场伟大的魔术，终极嘉年华。

不可言喻，统统不可言喻。我抬头望向风间之国那静无风雷的紫色天际线，耳中似有金沙银屑彼此碰撞，发出柔艳悦耳的铿然之声。"轰"的一声，我被幻象击溃了。我好卑微。在风间族人那不恒定的、难以记认的邪美面前，我心甘情愿地，匍匐于地。

风间，视觉之国，不定国，无常国，华丽国。

我已眩晕，high 过嗑药。在风间之地，理性派不上用场。

这时，一匹豹悄然走来我身畔，依偎在我小腿一侧，它通体雪白如银，却长着一张人的脸，"是我，"那豹说，发出轻微嗤笑。于是我知道它是叶暗。之后，它弓身跃上白色石柱，在那里变形成大理石般的伟岸男子，血脉贲张，性器昂然。那一刻，他之于我，就是米开朗基罗的大卫王，扛着投石器，要去与巨人哥利亚殊死一战。他高声道："仪式开始。"

众人便从石阶下簇拥出一名女子。

风间之人皆赤身露体，唯独她的身上裹着黑色天鹅绒披风。

那女子垂着头，下巴尖俏，行动间露出玲珑雪白的乳与足。而最令我在意的，是她始终保持着恒常的人形，其面部和身体的线条，连一丝起伏都没有。我非常吃惊，以为终于遇上同类。

"她没有变化，"我问，"她也是从尘世来的？"

"不，她已穷尽了，"叶暗低声回答。

我不解，抬头看他一眼。他似读出我的疑窦，答道："我们的变形，自出生便各人有各人的定数。用完这些定数，便是穷尽。穷尽后七日之内，族人为之举行仪式，送她去往尘世。"

好像也不难理解，就好比人的心脏各有跳动次数，一旦耗尽，生命便告终结，"穷尽就是你们的死？"我自以为懂了。

岂料叶暗却皱一皱眉,"死?死是你们尘世中人的属性。我们只是穷尽。"

"还不都一样,"我小声嘟囔,仍不服气。

"算了,我解释不清。稍后你会见到沈初时,他是风间的大祭司,他讲得比我清楚。"

"大祭司是做什么的?"

"他掌管一扇门,"叶暗像是知道我要问什么,接着道,"那扇门你待会儿便见得到。沈初时这人懂很多,但有点阴沉,我自幼不喜欢他。"

"那是因为你自幼就想避开他,溜去尘世,"一个声音从天而降。

我循声抬头,顷刻便被笼罩在一片绚丽的阴影之中。那是一只鸟,通体羽毛都是罕见的玫瑰灰,双翼展开逾丈,形似凤凰,头顶彩翎如绸,胸前却有双乳,极为柔艳地坟起,似两只握紧的拳头。它的面孔正逐渐变成一个女子,目若寒星,十分英挺。

叶暗见她便亲昵地迎上去,与她行贴面礼,一边对我道:"花明,我的姐姐,"又向花明介绍我,"郑红衣,从那边来的,"说时下巴向东方扬一扬。

花明听了似笑非笑,只把眼角在我周身荡了一荡,随即飘开,对叶暗道:"呵,叶暗你该乐疯了吧,咱们这儿有百十年没来过外人了，"忽又定睛看着我，说，"我弟弟迷恋你们尘世，睡里梦里都想去看一看。"

人群寂然前行，叶暗领着穷尽者静静走在最前方。

我从旁窥探穷尽者的表情，那脸上竟是一派晓风白莲的光景——不要说死，连生也一并没有，眼角眉梢只存人在世上的爱悦与欣慰。空气渐渐凉起来，入山已深，清白天光依稀化作一山寒碧。

我几乎快要忘记这是不同于尘世的异域，一心只惦记着，"我们这是去哪里？"

"无相山，舍身峰，"花明低声答我。

昔有尘世僧人误闯风间，在无相山巅勒石为碑，题"雪山童子舍身偈"于其上。

偈云：诸行无常，是生灭法。生灭灭已，寂灭为乐。

据《涅槃经》所述，雪山童子听闻罗刹鬼宣说前半偈后，意犹未尽，一再恳求他说下去。罗刹鬼却道，天寒地冻，需餐人肉、饮人血方能继续。雪山童子闻言，便应允以身奉之，罗刹鬼遂说全偈。童子满心欢喜，书偈于树、于石、于壁。随后攀至高树，纵身投入罗刹鬼血盆大口之中。

人生世上，本为求真而来，然而生命须得穿行过朽坏与堕落，目迷五色当中，往往为美为善所惑。

为生命的真相献身之事，古已有之，此后势必再有。那绝不是一件愉快的事，却是唯一的自救，仿佛飞鸟挣脱罗网，值得性命相拼。

其时我们已至舍身偈碑前，此地乃无相山诸峰之一，因偈得名。舍身峰上，四面皆是万丈深渊。

东面，另有一座山峰与之遥相对峙，其形更险，似鹜鸟敛翅而立。此双峰之间惟一道极窄极窄的索桥相系。白色雾气正不断由谷底升腾而起，覆没那条桥，以至断续不见。"穷尽者就是要去那里吗？"我问花明。而她已变形，正化作一匹四蹄踏雪的暹罗猫绕上我的颈项，如一条披肩。"对面就是无相峰，它是风间的界山。再往东，便是尘世，"花明在我耳畔低语，呼吸绵密温软一如情人的呼吸。

我不由得心头一热。

尘世已近，我突然想念我在其中的苦难与缺憾、歌哭与悲悼，风烟漫漫，爱欲的盛衰与兴废，无一不是我与尘世密切的纽结。

众鸟高飞，孤云独去。

我举目望向对面那孤绝的山峰，峰名无相，风间与尘世，就此分野。

此刻众人已驻步，喉间同时发声，低徊不已。

一时间整座山峰都回荡着此种魔音般的吟唱,轰然不绝,仿佛风,回旋往复,掠过所有微不足道的生命。

待我细听时,却依稀认得那是一段佛经——"是身如焰,从渴爱生;是身如幻,从颠倒起。是身如浮云,须臾变灭;是身如电,念念不住"。呵,我长叹一口气,原来都一样。

亿八千幻象一样去到寸草不生的虚无之境。一样终究面对尽头。一样散失,一样跌落。

华不华丽,也都一样。

"你哭了?"花明轻捷纵下我的肩头,身体如稻禾一夕间抽条,变成一名女子,手长腿也长。她与我对视,唇角含笑,目光中却有冰,很钻心的。其实我也说不清自己为什么哭,我以为自上次失恋我已不会再流泪。

那边,叶暗正引领穷尽者走向索桥,忽又扭头唤我:"红衣,你来。"

我回望众人,他们的面孔上,人的兽的,都流露出渴慕的表情。他们竟然艳羡她,也艳羡我,多么奇怪。

索桥十分湿滑,我怯怯握住锁链,却比想象中更见冰冷。行至大半,谷中白雾方散去,细看那锁链时,我才惊觉它由骨骼筑成。纵眼望去,只见关节环环相扣,绿苔底下裹着森森之白,果是人骨。我骇而松手,跌坐桥上。叶暗回身扶我起来,竟道:"此桥由尘世人骨骸造就,距今已有数万年之久。当时的那位王为营造这座桥,杀尽历朝历代误闯风间的你的族人。"

我掩口大骇,"为什么一定要是我们的骨?"

"此处是风间关隘,以尘世遗骨造桥,能够增强风间与尘世的联系。"

惊惧中我忽记起迦太基名将汉尼拔,曾以战俘尸身搭成一座浮桥。又想起幼年间曾听老人讲过,旧时造桥会将活人埋于桥墩之下,称为"人柱",以保桥梁遇水不坠、经年不倒。在蛮荒之时,常有此种乱暴的逻辑。

之后,叶暗又抬臂指向索桥彼端,无相峰的绝壁之上,赫然竟有一扇狭长的雕花木门,"一切都起因于女娲的那个禁令。"

绝不可离开风间之国——亘古以来,风间便遵从这道禁令。唯一的例外,是穷尽者。

风间之人一旦穷尽,便可无视禁令,去往尘世。通道便是无相峰上那扇木门。

至于尘世光景如何?后事怎样?风间一概不知。因为,穷尽者再也没有回来。

那是一个巨大的谜。然而,千万年间,亦不时有尘世之人误闯,带来彼邦的浮光掠影。于是风间才知,女娲曾在尘世炼石、补天、立鳌腿为天柱、扬芦灰以止水,之后她睡去，千年万年未醒。她的身躯化为山野，长发化为河川，眼为日月而脐为坡谷。所谓尘世风光，都是神恩浩荡，历历在目。

"但于风间，除了禁令，她没有留下别的，"叶暗说着，唇角竟微微发颤。

呵，风间之人对尘世的渴望，比我以为的还要强烈。

桥头笼着一团白色的雾气，其中浮雕般现出一张清晰的人脸，"来了？"那张脸问。

叶暗点头，"来了。"

"这是谁？"它转向我。

"郑红衣，尘世人，"叶暗把我拽到他的身畔。

"尘世人？"那张脸上上下下打量我一番，眼中似有刀子，刮骨般令我浑身一凛，"那么低劣的族群竟然还存在？"话音未落，那团雾气已成形为一个男子，白袍裹身，腰系银绦，与凡人无异，但袍底的红色鸟腿却泄露他的身份。

"开始吧，"他很快对我失去了兴趣，转而对穷尽者说。

女子便解开她的斗篷，跪在白袍男子面前。他伸手轻摩其顶，片刻，那女子头顶渐浮出一枚鸟羽，初为白色，很快变得透明，男子以手触之，鸟羽顷刻化为金沙细细落下。他仿佛就此确认了女子的穷尽，继而转身面向山壁，禹步而行，来至木门前方，结了一个复杂的手印，对住木门念动咒语。

那门徐徐开启，其上的青铜兽首一分为二，露出幽暗甬道。

不必叶暗介绍我已知道，这白袍男子就是风间的大祭司，沈初时。

"你需独自穿过山腹。彼端也有一扇门，门外便是尘世，"说完，沈初时让到一侧，"去吧。"

穷尽者满心欢喜，又向叶暗跪拜，"祝福我吧，我的王。"

叶暗遂以手加其额上，微笑道："风间与你同在。"

那女子踏进甬道，窄而洁白的脊背在幽暗中如玉之有光，木门随之合拢，发出低沉轰鸣。

此时，云雾湮盖而不可见的彼岸，仍隐隐传来风间族人的佛唱："是身如浮云，须臾变灭；是身如电，念念不住。"

"喝一杯？"初时问叶暗，双目隐着蓝火，深不可测。

叶暗显然不情愿，推诿道："族人们还在等我。"

"这有什么？"沈初时信手摘下一片树叶，向着对岸轻轻掷出，它便化作青鸟飞去，嘴上且衔着一封短简。

不久，佛唱低下去低下去，最终消失。我眺望桥之彼端，人已散尽。烟云缭绕的索桥上却走来一个女子，裸身如玉，通身上下只有一道缠臂金。

"听说有酒喝？"她笑问，长发垂及膝弯，芙蓉面，春水眼，顾盼间淹然生百媚。

我不知她是谁，叶暗笑着拍我的头，道："是花明。"

"太奇怪了，你们究竟是怎么认出彼此的？"这个问题已在我脑中盘旋良久。

叶暗花明都不说话，只笑望沈初时。初时也不看我，一面朝不远处的回廊走去，一面冷冷道："尘世识人以形，风间识人以象。形有千变，象却始终如一。你等俗眼泥胎，只知观形，而对于象却无从识得。就算是尘世所谓得道高僧，来此一样目迷五色，盲的，什么也看不见。"

山中寂然一片，不知何处传来泉水淙淙之声。一朵红花忽地坠下，打在我肩头，我顺手取来别在发鬓。沈初时的一番话当然并不令我感到愉快，但我也没有觉得特别悲哀。

人可以为际遇而哭，为得失而流泪，但为自身的本质，却完全没有悲哀的必要。

这样我们便喝酒。

沈初时的酒是以三月之杏花与六月之蜜糖，混合白露之菊与大寒之雪酿成，色如白地飞金。

据说初酿成时，异香漫卷，连天上的云都为之一颤，故名之曰"惊云酿"。果然，数盏过后，我已魂胆酥麻。

酒过数巡，花明与叶暗的变形开始加剧，一廊都是他们的幻象，飞影流光，此起彼落。而初时却依然缓慢，慢到难以察觉。此刻，他两鬓微微飞霜，是那样一种似雪的银灰。

他探究地看着我,眼神清醒,双目深暗莫测。此刻,廊外花木森森,时有虫鸣。

"关于那座桥,"我已有些醉了,拈着酒杯,食指朝索桥方向点了点,"我真恨你们那位王。"

初时似对这话题敏感,凝视我,片刻,低声道:"他也付出他的代价。"

"代价并不能令死者复生,"我不满足。

"那位曾经的王,自索桥建成那一刻便为神力所制,镇于无相峰下,日日受万箭穿心之苦,直至穷尽,挫骨扬灰。而他的后裔,则世世代代被剥夺了继承王位的权力,并且终生从事与祖先意愿相悖的职业。违背女娲意志者,下场惨烈如此,乃至祸及子孙。尘世之人,终究是女娲氏的心头好,"初时冷笑,再次打量我,随即又道,"老实说,我看不出来为什么。"

闻言,我动了真怒,却仍笑着反击他,"尘世若真有那么糟,你们又何必渴望它?"

初时被我问住,咬了咬牙,没有说话,很快便起身,离席而去。

叶暗原本只是静静在听,此时却靠过来,拍一拍我手背,耳语道:"那位王便是沈初时先祖。此后,王族中他们这一支便任祭司之职,世代掌管无相峰禁地。他的一生,从一开始就没得挑。切肤之痛,你又何必伤口撒盐?"

其时暮色四合,阴影渐次笼上山与树与云,氛围十分压迫。幸而花明忽以指尖燃起一朵绿火,掷入酒杯,它便一层一层盛放如莲,映得整座轩厅都是猫眼儿绿。我默默看着那火,突然间酒意上涌,我问:"叶暗,你打算什么时候放我回去?"

"回去?"这次却是花明接过话茬,不知是在开玩笑还是讲真,"晚了,你问了太多问题,而我们也回答得太充分了。"

深谷中传来飞鸟扑翼之声,微茫而干燥。

我的内心燥热不已,只能扶住桌子站起来,摇摇往那道木门处走去。我贪婪抚触门上那繁复回环的纹路,那些狰狞又似是而非的兽形,尘世近在咫尺,我却似樵夫踏入烂柯山,观棋之余眼见瞬息花开花落,尚且负担着隔世的虚妄惊怵。我不过是个小女人,我负担不了那么多。眼角忽有人影一晃,还来不及躲开已有人拽住我的胳膊,喝问道:"干嘛?"

"让我回家,"我挣开他,混乱中不知他是叶暗还是沈初时,是谁也没关系,我只是受够风间过分稠密的空气,忍不住想要放肆。我拍打摇撼那扇木门,它却纹丝不动,甚至不发出声音,一切都是徒劳。那人也不再劝阻我,只把双臂环在胸前,看我闹。不久我便累了,停下来,坐在地上,抱着自己的膝,问他:"为什么我从来没有听说过风间?为什么我从未在尘世见过你们的人?"

"他们已经堕落,变得跟你们一样,"那人回答。呵,他是沈初时。

月光下,他几乎不曾变形,只有鬓角的灰色攀得更深更远,仿佛一夕之间老了。他的脸俯向我,泛着一层蓝蓝的金属光。他的缓慢多么魅惑。他的缓慢令我平静,就像在尘世的黄昏和清晨,望着爱人的脸。我忍不住伸手抚摸他的发鬓,喃喃道:"为什么这么慢?我几乎要以为你是我的族人。"

"你的族人?"他猛地直起身来,冷笑,"泥土与水的混合?终生只有一副皮囊,并以之承载时间的碾压,随岁月流逝而不断塌缩、皱裂、逐寸变皱的族群?也太卑微了。你们枉为神的造物。"

那是我一生中最为疲累的一晚,我已没有力气反驳或是争辩,只是一字一句地讲出事实:"但女娲造出我们,就像她造出你们。哪有什么高下之分?每一种存在,都自有其出路。"

"那么你的出路在哪里?"他问,一面以冰冷的手指抚过我的眉,我的鼻梁,我的法令纹,然后是我的嘴唇,"这儿吗?这儿吗?还是这儿?"

这时,奇怪的事情发生了,他缓缓俯下身来吻了我。

更奇怪的是,我竟没有避开。

他的嘴唇比我以为的要热。欲念与罪孽的混合,常有此种温度。

风间族人不过数万,多食花草甘露,还吃一种样子像蝴蝶的鱼,包在紫苏叶子里。也有族人以雷声为食物,闻雷则感餍足。

他们的繁殖非常缓慢,只在优昙花开时交媾,只在日蚀与月蚀的时刻分娩,且为卵生。产卵后,挂之于南方一株扶桑树上,九日九夜,蛋壳转至透明,能见其内部尽为璀璨碎钻,有新生儿辗转其中。此时对之三呼女娲之名,则破壳而出,出则向东方跪拜三次,口中作"娲娲"之声,类同于尘世婴儿的啼哭。

风间世界小而精美,三日即可游遍。我见过此地唯一的海、唯一的山脉和唯一的胡杨林。叶暗有时会化身为马或飞鸟,背负我前行,但不论他的速度有多快,我都感觉不到风。此处的日色也特别柔和,叶暗告诉我这是因为太阳由女娲的眼泪所化。风间的确与尘世迥异,但数日之后,我也已惯了。

不久,我们来到国土东部的白色草原,长草茂密而挺直,因为没有风,显得尤其不服帖。草上有异兽,空中有禽鸟飞行。原野尽处便是无相山连绵不绝的山脉。空气中有一种不甚均匀的蓝色。这时,一只青鸟飞来,落在叶暗掌中,化为书简。叶暗展开看一眼,随即将它递给我,"沈初时送来这个。"我接过,看时,只见上面潦草写着"那女人将带来劫毁"。

书简内容很耸动,叶暗却似无动于衷。此刻他是一个浅淡的人形,在白草中站立,仿佛影子,非常不具体。电光石火之间,我想起那晚与沈初时的那个吻,很难说那其中具备感情的成分,倒更像是异类间的一种认知方式,就好比一匹豹以鼻吻去感触它前所未见的羚羊,然后他由此得出结论——"那女人将带来劫毁",是否这样?

"那么,你打算如何处置我?"我问叶暗。

叶暗没有说话,只默默在长草之间坐下,"登基后的两百年间,我与沈初时曾有过七次斗法,"叶暗突然开口,"七次我都败了。"

"为什么斗?"

"我想率领族人去往尘世,建立新的国度。而他阻止我,不依不饶。"

我听了,垂首无言,因不知该说什么。我喜欢叶暗。他的心洁白而爽朗,鸽子般轻快。但尘世复杂、沉重、恒定表象之下尽是暗涌,在那里,建立一个国度不是容易的事。

于是我只能说,"尘世没有你以为的那么好。是,它更广阔,但也仅此而已。"

叶暗却突然抓住了我,用他近乎于爪的锋利前肢抚触我的额头、肩膀和手臂,他双眼瞳孔发红,几近疯狂,他说,

"但你来了。而且在你之前,还有你的族人,你们来了,带着你们唯一的肉体、恒常而渐朽的尘世属性、以及那个世界的点滴线索。红衣你不会明白,对我而言,尘世的存在已是莫大诱惑。而越是知道尘世的广阔,我越是确定我和我的族人们世世代代所拥有的,不过是个囚牢。如果没有那道门、那条禁令,如果我不知道另一个神创世界的存在,红衣,当然我会安于这个囚牢,因为反正也没有别的地方好去。然而,就像是一个故事,给了你一个开头,你总是忍不住想尽快知道结局。"

我明白,一个人永远无法与自身的人性为敌。他只能顺应它,服膺于它,在它巨大阴影的笼罩里甘拜下风。

谁能违背自身的属性?就像水违背不了水,而火也违背不了火。

在这一点上,尘世或风间,又有何分别?

纵眼望去,白色草原中央有一大片不规则的灰色阴影,我先是觉得诧异,随后才发觉那不过是云的影子。

没有风,云团静定不散。薄薄的蓝色空气中,叶暗的身形正在发生改变。他渐渐有了狮子的身躯,并保留着英俊的人类面貌,他的肩胛上轰然生出巨大双翼,仿佛下一刻就要飞去。当变形完成,他的身体暗地飞霜,其上遍布玫瑰与火焰,艳烈无匹,几可燎原。

呵,他真是美。我私心里想,他和他的族人怎么能属于尘世呢?相对于那个世界的庸常而言,他们太美也太超越了。

这种超越,令到尘世的缺失变得尤其不可原谅,因而它是危险的。对双方都是这样。

我看着叶暗,目眩神迷,心生贪意——不,看到是仅仅不够的。我将那封短简翻到背面,从牛仔裤中摸出一枚笔头,开始画下他。

先是勾出大致轮廓,然后画出细节。他的尾、羽翼、双颊下凹的面孔,乃至金色的睫毛。这是太艰难的作画了。因其需要在茂密的可能性当中不断穿梭,心无旁骛地抓住一个片刻,然后固定之、记认之、描绘之,随即悲悼之。必须要快,否则变化就要开始——变化已经开始。变化总是在开始。

然后奇怪的事情发生了,当我画毕,叶暗身体上的所有线条都不再起伏。

就像是一直吹向他的风,忽然止歇。他的可能性也已告终。

风间之王叶暗,定型成为玫瑰与火焰覆盖下的斯芬克斯。风间之王叶暗,穷尽了。

事实上,当天我们又等了很久才得出这个结论。

我不住道歉，叶暗却若有所思，并且即刻唤来近旁的卫兵，让我画下。

果然，一经画出，风间族人的可能性便被穷尽，身形停止流变，固定成他最后对我显现的形象。

如果说在风间，穷尽便是死，那么我亲手杀了人，迄今已有两个。

叶暗却显然另有打算，他沉吟片刻，随即对我说："红衣，我要你帮我一个忙。我有一百精兵，你帮我把他们全画下来，三天之内就要。只要你办得到，我便让你回到尘世。想想看，数日之后，你已可以在家中的床上睡觉。"

这样我就开始画画，三日三夜，不眠不休。

到最后我已昏聩，几乎是在幻觉中提笔。我只记得，最后一位被画出者，是一只蓝鸟，叶暗告诉我，那是花明。之后我便眼前一黑，栽倒在画架上。

穷尽仪式非常仓促。

去往无相峰的除了叶暗，还有五十名精兵，他们都曾逐一被我画下。叶暗意欲率领他们打通风间与尘世的通道。

"我们先去，花明随后就带另一半人来与我们会合，"叶暗靠近我，"红衣，尘世就在那边，我却突然情怯。"我笑着抚摸他金色的鬃毛，他身体上热烈的玫瑰与火焰，它们几乎是滚烫的，"不要怕，有我。"

这时我们已至山间，林木森森如碧，我突地打了个寒噤，不知为何隐约感到不祥。

人骨索桥的彼端，沈初时依然白袍裹身，容貌已与数日前大相径庭，他更形瘦削，且有一双鹰眼。他看着排成一列的穷尽者们，残忍的薄嘴唇竟浮现出一丝笑意，"叶暗，你做了什么？"

叶暗回敬他一个微笑，清清喉咙道，"我也不知道发生了什么。只是一觉醒来，我和他们都穷尽了。"

之后他自行匍匐于地，敛拢他金色的双翼，等待沈初时验证。初时无奈，只得伸手至叶暗头顶。很快，其上便浮出一枚修长鸟羽，初为金色，后转而透明，手触便化为金沙。初时却并不急于开启那道木门，只是将目光转向我："你"，他咬着牙吐出这一个音节，而他的目光简直要把我劈杀，"郑红衣，你太自以为是了。"我回瞪过去，理直气壮。说到底，我哪里做得不对呢？我不过厌憎在风间终老，有朝一日连遗骸都被某个暴君做成索桥。

待仪式全部完成，天色已暗下来。周遭火把红色光影的晃动当中，穷尽者们鱼贯进入那道狭窄的木门。

我与叶暗走在最后，初时伸臂拦住我的去路，道，"你不能走。"

叶暗在我身后出声，"我说她可以。"初时不动，只低头看着我。

这时一道黑影铺天盖地自我头顶跃过,光影中叶暗仿佛燃烧的斯芬克斯,周身都是玫瑰与火焰。他将沈初时扑到在地,以锋利爪牙制住初时的咽喉,重复道:"我说她可以。"幽暗中,叶暗双眼如炭,因震怒而发红。

这样初时便轻声笑了,冷冷道:"叶暗,我知你一向渴望尘世,但我不知你也渴望尘世的女人。"话音未落,他的身形已变得很软,绸缎般从叶暗的爪下滑开、站起、重塑,随即他来到我的身畔,以瘦而精悍的手臂环住我的腰,在我发鬓耳语,"去吧,尘世女人,看样子你找到了你的出路。"

于是当我们穿过无相山的山腹,来到一扇青铜门前,先行的人都已不见了。

叶暗与我对望一眼,深吸一口气,推开了它。门外恰是沙漠。

呵,这久违了的尘世风光。天边轻薄的云层当中横贯着一带清晰的鳞状云,仿佛一条龙静静卧在天际线上。夕阳最后的强光正照在沙漠深处,白茫茫一片,炽热却冰冷,没有人,没有人的感情。

我望着门外那无边的风与沙,那盛大的常常带来幻觉的广袤空间,对叶暗说:"这是尘世独有的,它叫沙漠。"

"沙漠,"叶暗念出这个陌生的词汇,绷紧的脸上突然间绽满了表情,仿佛刚刚苏醒过来,周身都是兴奋,走得却很慢,并且,在绯红的日色中缓缓张开了他的双翼。

这时忽有飓风回旋而至,我的发随之扬起,而叶暗雄壮的背影随即迎风跪倒,看时,他的四肢已经消失,与沙漠混为一体。而当第二阵风来,叶暗的头颅便不见了。但他还来得及转头看向我,眼神中全是不解。然而,就连那眼神也只存在了一个瞬间。当我再看时,叶暗曾经所在的地方,仿佛被枪击过一般,正有金色鸟羽沸沸扬扬落下,还有极为细密的白沙滚滚飞散。旋风中,它们剧烈扑上我的面孔,极为苦涩。

是如何回到风间的呢?

我是否曾挣扎着穿过漆黑的甬道,疯妇般拍打风间的木门,哭着哀求沈初时开启它?是的,势必是的。但我更记得我拼命拽住沈初时白色的袍角,语无伦次地哭道:"初时,你告诉花明,告诉她不要去尘世,叶暗他们已经不在了。风把他们吹散了。人为什么会被风吹散?初时,人为什么会亲眼看到他无法相信的事?"

他听了却也并不追问细节,只以手指抚触我臂上腿上擦蹭出的一道道伤口,它们便迅速地愈合了。他又以他冰凉的脸靠紧我的脸,仿佛爱人彼此依偎,喃喃道:"我知道,红衣,我知道。"

而我竟因此得到安慰,舒缓下来。"你知道?你一直都知道?"

初时却不答,温柔面色下似有隐隐波澜,只反问我,"你看见叶暗死了?"

"是的,"我茫然点头,"就在我面前。风一来,四处都是鸟羽和沙。"

于是他笑起来:"那么我可以登基了",他的这个笑容慢慢扭曲变形。待我定睛看时,他已变成另一个人、另一种样貌。

我艰难地看着他,太艰难了,以至双眼痛得无法流泪。

女娲初造人,以金沙为肌、鸟羽为骨。

其人皆美艳不可方物,且形体如流,呼吸间也有万千变化。

然而,因材质轻薄,这个族群遇风即散,粉身碎骨,堕地化为流沙。

风劫过后,女娲怜惜那所剩无几的少数,遂开辟出一个狭小的世界供其定居。且又命令所有的风,都不可以去到那个所在。之后,她留下左眼泪水为日、右眼泪水为月,长久辉耀此地。生生世世,悲悲欢欢,由是而成风间之国。

此后,女娲痛悔于前作,便以粗鄙强悍的泥土泥浆造人,并将此新兴族群的生息之处命名为尘世——他们来自土地,之后也将复归于尘埃。

次日,沈初时登基为王,立花明为后。

远远传来鼓乐和欢声,江山易主,旗帜换了颜色,权力更迭至暴君的后裔,而风间族人毫无异见,接受得很好。他们,呵,真不愧是六和八荒中最为善变的族群。

我躺在白色茅草铺就的巨大浅坑当中,静静为叶暗流了一阵泪。

他说得对,风间族人不经历"死"。他们转瞬间烟消云散的消亡形式应该被叫做"灭"——寂灭为乐的灭。

相较于尘世中缓慢的衰朽,风间族人拥有的是宇宙中星体的消亡方式。亦即是,一生经历亿八千变貌,然后在某一天孤独地、毫无征兆地爆裂。一瞬间回归到宇宙的秩序当中,参与所有层面上的重构。纵使四分五裂,也都是神的碎片。

最重要的,他们只承受结局,而不负担消磨。幸运么?不幸么?我说不好。

这里的房间没有窗,只有一个椭圆形天井,光线自上而下泄落,形成光瀑,无数金色尘埃浮荡其中。我注视它们,眼神渐渐失焦,我的心感到一阵猛烈的抽搐和空虚。是的,每当目睹并参与到无谓的消耗当中,我常有此空虚之感。没有什么能够填补,因那甚至不是痛苦。它只是一个黑洞,在它面前,一切具体的感觉都不成立。

死去的都是革命者,而得逞的都是阴谋家。

但真正的成败还远在事件的影子之外。因生命的全部意义在于真理和自由。

说到这里，郑红衣停下来，"啪"地点燃一支烟。

此时山间已入夜，窗下溪声潺潺近耳，虫唱四起。林间静定无风，星星点点浮荡着绿光，呵，竟是萤火虫。虽是盛暑之中，此地荒寒，至夜凉意也甚袭人。红衣起身披了一件灰色薄衫，在落地长窗前略站一站。黑暗中，沙漠没有具象可言，但它就在那里。

女记者坐在沙发中已然呆了，倒被打火机的声音惊动似的，举手摸一摸面颊，像要确定自己仍在人间。顺着郑红衣的目光她看见那沙漠，像是恍然明白了什么，很迟疑地，她问道："那里就是……？"

红衣回头看着那年轻的女孩，面孔上无悲无喜，细薄唇角却抽动一下，点了点头："是的，那里就是。"

尘世沙漠，任何时刻，它的干燥与金色，都令人深深寂寞。

很难说它具备实体，在更大的程度上，沙漠仅仅是一个空间，无穷无尽，杀灭幻觉，生成幻觉。它是风间的纯粹反面。因它是风的国度。在其中，风不断起落、回旋、呼啸，杀伐决断，自有意志。但这一处沙漠不过是风间族人的坟场，是他们世世代代尸身的堆砌。而风，无形无相的风，则是他们虚无飘渺的断头台。

"后来,你如何逃出风间?"女孩迫不及待地问,睁圆了小鹿般的大眼睛。

红衣却笑了,抚一抚自己的肩膊,重新坐下,"重要的不是逃出风间。重要的从来不是离开那里。叶暗死时,尘世与我仅一步之遥,风沙四起之中,倘我跨过那道门,哪里又有所谓风间与我?但我折返回去,原是为了阻止花明。呵,多么天真,我以为他们什么也不知道。但实则她与沈初时,什么都知道。"

后来,喝酒成了我唯一能做的事。

沈初时的惊云酿不是任何人都能喝到,但他派人无限制地提供给我。

惊云酿入口顺滑,酒过三巡始有回甘,醇厚之外又配以隐隐甜凉辛辣,绵里藏针,令人上瘾。我长饮无厌,醒而复醉,如堕万里云雾。当然有时也睡一会儿,又总是被同一个噩梦惊醒——我逐渐在狂风中化为羽毛和沙,先是手掌、胳膊,然后足趾、腰线,最后是头颅。总是要到头颅飞去的那一刹,我抽搐一下醒来。

"你就打算把自己醉死在这里?"一片蓝影罩住我的脸。

我眯起眼睛,抬手挡住过分强烈的光线,试图看清来者是谁。它有鸟类的轮廓,巨大而幽暗的蓝色羽翼正缓缓收拢到身体两侧。呵,蓝鸟,花明最后的形象。它俯身看我,面孔仍是女人,五官银钩铁划,美而锋利。花明已不再变化,这是她穷尽后的第七日。

"红衣,我想跟你聊一聊,"她说。

我醉笑,勉力撑持着从地上坐起,"聊吧。聊什么?"

"叶暗,"她迟疑着,良久,才道出她想问的问题,"他走得可痛苦?"

记忆仿佛枯萎的花朵遇水,渐渐舒展开来。叶暗的背影以及这个背影被摧毁的刹那,还有他的眼神,依然清晰,无法在酒中溺毙。他不解而困惑,到死都像个孩子。而他的姐姐从一开始就没有打算追随他。她与沈初时有约在先,叶暗死后,她助他为王,他立她为后。是的,这些天我醉得很厉害,但脑子并没有坏掉。

"你为什么想知道?"我随手从地上拈起一只酒壶,摇一摇,里面还有小半,于是仰起脸,提壶而饮。

"他是我的弟弟,"她的声音有些颤抖。

"啊,他是你弟弟,"我大笑起来,"原来你知道。"我站起身,这样我才够得到花明的脸,我以双手捧着它,仿佛捧着山茶花。我细意端详,它的平静背后何等狰狞,美艳背后又是何等凶险。"他是你的至亲,你却不肯告诉他一去尘世他就万劫不复。现在你来问我他走得可痛苦?别虚伪了,花明。你听着,此生此世我也不会告诉你。你就带着这个问题去做你的王后、去活着、去死。因为跟你的弟弟相比,王后的位置比较重要。"

花明挣开我的掌控，截然打断我："你太醉了，郑红衣。"说时双翼轰然展开，幽艳的蓝色阴影铺天盖地布下，她走去天井下方，振翅飞出。

这样我便电光石火地了悟到，"不，这跟王后的位置无关。你爱他。你爱沈初时，"我被这个结论吓一跳，忍不住掩住了自己的嘴，"你爱沈初时。"

她听见了，便俯下脸来看着我，一线微暗天光正照在她苦涩的唇角，我从未见过那样凄凉的脸，穷其一生也再没有见过。

她说，声音细弱至不可闻："是的，我爱他。我渴望成为他的妻子。"之后，她猛烈扇动双翼，扑翅的声音响亮而艰涩。

这时，风间下起雨来。

没有风，雨丝银线般直直垂落。我目送花明飒飒飞去，尾羽修长而浮荡并不断变幻着色彩。很快，毫无征兆地，在空中，她的飞行出现了塌陷，她的身体从头颅开始崩解。甚至没有一声哀鸣，花明就在我的视野里化为一片金沙，随细雨和光同尘而下。

这是最彻底的坠落——在坠落之前，她已无所谓坠落。

神谕说，穷尽后的族人，务必在七日内完成仪式，离开风间，去往尘世。

但那不过是因为，七日之后，穷尽者便会堕地为沙。

女娲作此谕示，乃是出于悲悯。真相有毒。

有人毕生追究真相，以拨开生命之迷雾为己任。殊不知，秘密才是好的。秘密比真相要柔软。

"啧啧，她特地来找你告解，你却不肯放过她，"身后有人说话，但我已不懂得转身。我太震惊，震惊到肢体僵直，无从转侧。

那人轻拨我肩头，我便跌入他的怀中。他的怀抱坚实温暖，且有植物辛辣清坚的香气。"红衣，你也太彻底了。这么彻底你累不累？"说时，他的鼻息在我发间吹动，令我周身如浪潮般涌起酥麻。

我回转头去，只见那人面色洁净，说话时慢慢眨着眼睛，双眼细长如狐，眸子为金色。

"沈初时？"我问，但其实又何须问呢，"风间的秘密，原来你都知道"，我抚着手臂，只觉天寒地冻，一臂都是寒毛倒竖。他是这样冷血而阴鸷，就像蛇。我挣出他的怀抱，瑟缩至房间一角，抱紧双膝，警惕地看着他。

"你怕我？"他轻声笑起来，哀告般向我伸出手，一步一步迫近，直到抓住我。

我发疯般尖叫，他制住我的手脚，却只是跪在我面前，以颤抖的手和嘴唇抚触我的身体。

强悍的、遇风也不会速朽的身体,于风间,何等珍贵。于是那抚触就不像是抚触,而是一种膜拜、一种典仪、一种巫术。我不知所措,凝固了,血液在体内飞速奔涌,但身体却愈发冰冷。我无法避开他。而他的抚触充满欲念之热,却不是出于爱恋,而是出于渴望——他想变成我。

我一惊,将他推开:"你变态!"

初时也不避讳,注视我,幽寂天光中,他面部的轮廓隐微波动,"是,我变态。我知道得太多了,红衣。真相的毒素侵蚀我。你说得对,我早已不正常。千百年镇守无相峰木门,那种痛苦,不是你所能想象。尘世中曾有一位神子坦塔罗斯,他因渎神而受罚。身在水中,却必须忍受烈火般的焦渴。水就在唇边,而一旦他低头就饮,水便立即退去。当他饥饿,果实累累于前,而一旦他抬手摘取,就会有大风,将坠满果实的枝条吹向空中。饥渴相煎,如是往复。我镇守风间所有秘密,已有千年,由我送往尘世的族人数以万计。我习得尘世全部事物的名称,熟知每一阵风的流向,洞悉你们的悲欢,甚至控制自身的变形令它慢一些、再慢一些。我知尘世壮丽,何止千万倍于风间。亦知我们存在的狭窄与虚妄。狭窄与虚妄到无法去到无相山以东。而所有这一切中最令人痛苦的,是这样一个事实——尘世与我,仅一门之隔。诱惑太大了。禁忌又那么本质。红衣,你仔细看看我。我是风间的坦塔罗斯,日复一日,忍受焦渴之苦。"

诱惑与禁忌,同样本质,亦且同样巨大。

神族尚有一念之差,沈初时身而为人,却不得不与无限长久对垒,难怪他淡静神色底下时常另蓄一种疯狂。

我看着他,此刻他金色眼眸灼灼发光,仿佛纯金在火里烈烈地烧。我忽想起无相峰初见他白衣胜雪,神情倨傲凛冽,如远山寒林、春风不度。我忍不住伸出手去,想要抚摸他的头发,迟疑又迟疑,终于作罢,口中只问道:"这么痛苦,如何熬过来的?"

"红衣,你所遇过最痛苦的事情是什么?"

"失恋。我的爱人终于顺从家族的意愿,娶了另一个女人。"

"有多痛苦?"

"很痛。好像有八百条蛇从腹腔内部开始吞噬我那么痛。"

"记住这个感觉。观察它。告诉自己,再严厉的痛楚也会过去。这世上唯一永恒的东西,叫做无常。"说着,初时轻轻按住我的手。他这个人,变得前所未有的真。这世上有很多关系,需以痛苦的天罗地网彼此勾连。爱与懂得,在有些极端的时刻,是同一回事。

而我与沈初时之间的空气里,就这样涨满欲望。

不察觉雨已愈发大了,天井中积水如银,雨落其上,珠飞玉洒,溅起一片白茫茫的水雾。

初时在我体内膨胀、摩擦与试探,潜入就连我也无从深究的秘密城国。

绝境中交欢,一如深夜的海面燃起烟花,盛放跌堕,都以黑暗打底,尤其妖丽。做这一切的时候他且很紧很紧地抱着我,仿佛不如此便要坠毁般的那么紧。而我目眩神迷,只觉自己舒张,舒张到有千手千足,全数用来缠抱他;又觉自己皱缩,皱缩到只余针尖般深邃的极乐。幻觉中,我的欲念不断如惊雷炸开,漫天都是枪炮与花朵。

烟花过后,海洋依然存在,大地安忍不动。

汗水、欲念、身体的疲惫,都如此实在。爱不过是这一切的称呼。远方隐隐传来雷声。

——我该怎么记认你呢初时?形貌是不可靠的。
——如果你属我,当我来时,你的眉心就会有一点痛。

果然,从那以后,当初时靠近,我的眉心就隐隐作痛,这样我便认得他。而也是在此后,我竟惊觉尘世之外还有日子,而在宿命黑洞的背后,尚有信靠与爱慕可言。

数日后,初时带我去往舍身峰。那里有一所小巧行宫,白色大理石筑成,树影婆娑其上,一叠一叠都是绿意。

行宫早已荒弃,四下无人,尘埃寂寂,花木遮蔽了道路。"这座宫室是我父亲为他心爱的女子所造。她穷尽后，父亲恳求我将她藏匿于此间，不送往尘世。七日后，她在他的怀中挫骨扬灰，"初时随手拿起一个烛台，带我走向行宫深处，拾级而下，竟有一处地下宫室，"数日后，我的父亲随之穷尽。我瞒天过海，将他二人合葬于此。"

烛台上幽幽跳动三朵绿火，借着火光，我看见地底隆起一座小小的金色坟茔。我的心为之一颤，不知在凡事多变的风间之国竟能听到爱情故事。

这时初时已将左侧一扇铜门开启，我循声望去，见是一间囚室，四下无人，冰冷的土腥气扑面而来。

"你跟叶暗走后，花明与我便将这五十人骗来此地，羁押起来。你可知任凭他们七日之后化为鸟羽和沙会带来多大恐慌？"初时说。但我已无心听他说话，只接过烛台，走进室内。地上四散着鸟羽和沙，有的彼此相连，有的自成一体。也许惊惶，也许静定，都是消亡之姿。而他们原本还可以活很久。

"是我杀了他们，"我回望初时。

初时就是这点冷酷，完全不安慰我，甚至还要苍白着面孔笑一笑，道："答应我，永远不要对我作画。"

我没有说好也没有说不好，只是不可控地流泪。"不知道"比瘟疫还要可怕。突然间，我非常非常想念叶暗。在这场无声的屠杀里，只有他，是我的共犯。

——你爱他?你爱叶暗?

——不。但他的无知令我感到亲切。

一个族群当中,注定只有极少数人能看到自身的界限。而他们所承受的,也注定比旁人要多和苦涩。

"风间有过一个女王,她曾去到尘世,并且成功地避开了所有的风。"

"如何做到?"

"附身之术。这是只有风间之王才能修习的秘术。"

我看着初时,难道这就是他一心取代叶暗的原因?

"你们的魏晋时期曾有个女人叫做甄宓,可是?"

我点头,"她是魏文帝之妻,姿容出尘,宠冠六宫。曹植以之为原型作《洛神赋》,说她美得像是流风回雪。关于甄宓的传说中最有名的一个,是她的发髻日日不同,变化无常,灵巧无双,妃嫔宫人效颦,皆不得其万一。传说这是因为她的庭中有一绿蛇,每日盘成新巧式样,供甄后效仿。时人奇之,号曰灵蛇髻。"

初时听着,频频颔首,后又莞尔道:"呵,天真。你们的史书这样写?她不过是被风间的女王附了身。"

沈初时阅尽史书,在岁月浩如烟海的风尘里,觅得风间附身成功的最末一则案例。甄宓幼时误闯风间,被风间之王附身,后回到尘世,以其姿容艳丽的流变颠倒众生。其后,风间亦有过其他的尝试者,却统统连同其载体一道被尘世罡风所毁,尸骨无存。久而久之,秘术便即失传,因不再有人相信它。

穿越千千万万刺骨的偶然而希冀必然,命运洪流的泥沙俱下里,怀揣此微暗期望者,是何等悲壮而徒劳。

初时从怀中取出一卷经书,书页已薄脆发黄。我凑过去看时,其上却无字迹,只是一纸空白。

附身之术的不二法门。不知何朝何代由何人传世,但,它只对风间之王显现。

"你会修习它么,初时?"后来我才知,这是个极其愚蠢的问题。

而当天初时却只淡淡一笑,将书卷重新放回怀中,轻声道,"你猜。"

——在尘世,几乎不再有人提起女娲的名字。
——怎么会?
——当一只蜘蛛从它自身吐丝织成这个世界,神便衰没了。
——呵,在尘世,你们是你们自己的神。

那天过后我便做各式各样的梦。

它们大多含混模糊，仿佛黑暗中汹涌的河流。并且我越来越频繁地梦见风间族人，他们忽明忽暗的无定面孔充满了忧伤。于是当我醒来，我常常不可自持地叫初时的名字，而他总是不在我身边。我叹一口气，在蒙昧的天光当中，我艰难地（也许并没有那么艰难地）审视我们的关系，于是我知道，他不属于我。

后来有一天，我梦见一个女人。

她有驯鹿般湿润的大眼睛，修长的红色鸟腿，头戴王冠，其上镶十七颗蓝宝石。她蹲下身抚摸我的头发。而我软软小小，不过是个孩童，"妈妈，"我叫她，"为什么每次你来，我的眉心都有一点痛？"

"那是因为你属于我，"她把我拥在怀中。那怀抱有青草的香气。

"妈妈，你不去尘世好吗？"

她却轻而坚定地推开了我，"又讲傻话，"她说。

说话间不知如何，她已悬浮在我的正上方，看我时眼神温柔。风来，她随之四散，漫天金沙暴烈泻下，覆盖我，覆盖我，我见她嘴唇微启，细听时才知她在叫我的名字，"初时。"

我醒来，满脸都是泪，一个疑问在我心头如水渍不断扩大，我的心潮湿而冰冷。

于是我即刻起身，跑出门去。

宫室幽深，只有壁上星星点点闪着银火，缥缈闪烁仿佛银河。卫兵见了我也并不阻止，只是微微颔首致意。大理石地面凉如寒冰，赤足踏上去，每一步都是一个白色的雾蒙蒙的足印。初时不在他的房间。黑色大理石桌面上，放着数坛惊云酿，两只玳瑁酒杯，全都空空如也。

我抚一抚他的草铺，随即退出来，茫然走去庭院当中。一瞬间，我错觉我的人生就是这样了，没有初时，没有答案，竟然也可以如此过下去。庭院一角有几株树，我一直疑心那是烟草，因点燃时有焦焦的香。我顺手摘几片，叠在一起卷成细筒，在壁间银火之上点燃，深深吸一口。呵，烟草的焦热予我安慰。我沿着一条小径走了很久。径旁开满昙花，一地如银似雪，暗香袭人。尽头有湖。我裹紧斗篷靠近那湖泊，呼吸着风间冰冷无风的夜。这样我就看见了。

两条巨蟒的交尾。在湖畔的芦苇之间。它们奋力交欢，身体如两条钢鞭挥舞纠缠，溅起水花银亮而惊狂。

大片芦苇倒伏，白色苇花飘飞，如雪如絮降下。

群星闪亮于上，爱与死都不重要。我在芦花雪中仰起了脸，并且知道其中之一是沈初时，因我的眉心忽然剧痛。

"那个尘世女人，她无法满足你？"女人的声音沙沙的，十分耳生，语气卑怯，应该是个侍女。

初时冷笑,"每次跟她做,都觉得恶心。我永远无法习惯尘世人骨子里的土腥气。"

"你想利用她做的那件事,已经完成了吗?"

"嗯,"初时闷闷出声。

"是否危险?是否危及生命?"

初时这回却沉默了很久,"呵,这不是你该关心的,"又顿一顿,咬牙道,"就算死,好歹拉上她垫背。"

我静静听着,忽听脚边扑落一声,是那支卷烟掉在水里,熄灭了。

人的心,是天上地下最大的幻术。

它的急速和不可捉摸。它的坚硬与柔弱。全部超乎想象。

凌晨初时才回到我的房间。裸体已被风干,只有头发依然湿漉漉的。

半明半暗的天光中,我幽幽开口:"那位附身在甄宓身上的女王,是你的母亲?"

他不知我醒着,吓一跳,不可思议地看着我,但很快便恢复了镇定,"是。她有很多孩子,而因为我父亲的祭司身份,我是其中唯一不能见光的一个。"

"那么叶暗……"

"叶暗是她最年幼的儿子,"初时看着我,脸上浮现出一丝恶意,"是的红衣,我一直希望取而代之。"

我又问,"初时,你是否正逐渐附上我的身体?"

他不言,面孔隐在阴影里。

"今晚我看见你的记忆。你的母亲很美,头戴十七颗蓝宝石的金冠。"

"不要说了。明天,郑红衣,明天你便可以回到尘世。"

说完,不等我反应他就离开,留下长长的影子很浅很淡,几乎就要消失了。

我追上去,扳过他的肩头,望向他灰色双眸,我几乎想要把我的心剖出来给他看,但我不能,于是我只能对他说:"我愿意,初时。我愿意。"

他却不语,静静注视我良久良久,几番启齿,终于出声:"红衣,如果从来没有尘世,抑或这里不是风间……"

一切语言都不必说尽。但我知道他想说的是什么,而他也知道我知道。

这样他就转身走了。我注意到,他的影子已经消失。

次日下着一点雨。

我们避开族众,悄悄去往无相峰。途经舍身峰时,我在那块碑前稍事停留。

偈云:诸行无常,是生灭法。生灭灭已,寂灭为乐。

雪山童子为此偈舍身,成全了偈语,也成全了自己。那绝不是一件愉快的事,但在生命的天罗地网里,这是断臂求生、舍身取义。唯一的自救。

无相峰上红花绿树,左近传来鸟鸣,树枝微微颤动,叶片空隙处见明丽鸟羽一闪。

对于双眼始终蒙蔽的族人,风间不失为一个好世界。

我退身一侧看初时打开木门。那繁复的禹步与手印,"你没有传授给任何人?"我问。这是风间与尘世唯一的通道。

"还记得吗?初次见你,你颤抖着反抗我,为你自身的属性辩护。你对我说,每一种存在,都自有其出路。那时我不过是虚张声势,但其实红衣,你是对的。对于我的族人,承担真相的时候到了",木门已开启,他以手背抚一抚我的面颊。那只手没有温度,非常的冷。

"怕吗,初时?"我吻他的发鬓和嘴唇。

"渴望是更大的恐惧,"他苍白地一笑。

步入甬道之后,沈初时便不见了。我看见自己,有两个影子。

尘世恰是正午,日光强烈而干燥地扑下。我顺手将斗篷的兜帽戴上,这样才能勉强视物。

幸运的是，没有风。沙漠静静存在，一个只有表面的深渊，一个不具根基的视野。

尘世中最为虚妄的景色。因为它的无根性，沙漠很容易就令人想到，一切都没有意义。

"初时，走出沙漠就好了，"我说。

他的声音很近，似在我体内对我耳语，"啊，沙漠。这是它的名字，"他的语气天真无邪，仿佛初民开天辟地头一次见到花朵，兴奋得要用手去指。

我又回头望向我们的来处，没有青铜门，什么也没有。

风间与尘世就此诀别。竟也不是什么惊天动地的事。

正如这世上所有的运气一样，我们的运气没能持续多久。

很快就起了风。

由于初时的寄居，风之于我，已不再是无形无相之物，而是一种刑具，一种凶器。

当第一阵风吹向我的时候，我便双膝一软，跪倒在地，膝窝处如有万根钢针猛然刺入般的痛，"初时别怕"，我以手撑持，匍匐至一处沙窝当中避风。而风则不依不饶，从四面八方追踪而至。

那是我所遭遇的最残暴的用刑。

风穿刺过我的身体，劈开我的每一处毛囊、皮肤、肌肉、神经和骨节。这是何等无孔不入、具体而微的庖丁解牛。很痛。非常痛。无以复加的痛。但那已不纯然是痛。那是被虚空追剿，被虚空撕扯，然后虚空等不及要占据我的实体曾经占据的那个空间。

没有放过一说，只有无尽的追剿。所有试图跨越本质界限的人，统统罪孽深重。

这是他们应得的。这是我们应得的——郑红衣与沈初时。

我在风沙中蜷成一团，粗糙的沙粒打上我的脸、涌入我的口腔和气管。但我已感觉不到痛或窒息，胸腔中只有一个声音不断盘旋，那是一个问题——"是所有人都如此？还是只有我如此？"

初时听见我的心，在体内对我低语："所有人都如此。千万人中，方有一例幸存。"穿越千千万万刺骨的偶然而希冀必然，命运洪流的泥沙俱下里，怀揣此微暗期望者，是何等悲壮而徒劳。

钢刺般无所遁形的风中，我徒然张着嘴，唇角已被割裂，流出血来，一嘴都是咸腥，而因为大量的风正涌入并充满我的肺部，我已无法尖叫或是呻吟。

"初时，再等一会儿，"我暗道，"我还可以。我们还可以。"

他沉默，在我的体内，没有回应。

紧接着，我身体的沙化就开始了。是从右脚小脚趾开始的，它急速地变成沙，与沙漠融为一体，然后是第四和第三,最后是整个脚掌。过程非常快,但疼痛却是灼热和漫长的。我恐惧地看着它,它曾经的位置已被风占据。

忽然之间,我的身体一轻。沙化停止,像是有人摁下PAUSE键。

我才知那一直劈杀我的风,只不过刚刚足够将我的发向后扬起。

而当我的身体一轻,我便知道,沈初时离开了。

"初时,"惊怯中我回头,还来得及见到他最后的成相,那是一匹巨大的白狐,在风中定格成奔跑之姿。它极长的毛在狂风中猎猎扬起,洁白深处有银色如钻,又像是一瞬间吸收了周遭所有的光,世界因为它的存在而毫无疑问地变得黑暗了一点。

它强烈地存在。沈初时从一开始就强烈地存在。"红衣,我们逃不掉",他说着,苍白地一笑。

我不是那千万分之一。我与沈初时都已清楚。

随后,仿佛有人在我的脑海里开了一枪,也许是幻觉,但我的确听见一声惊心动魄的轰鸣,"嘭——"。

沈初时的身体,他此生此世所有的形与唯一的象,就此变成一场浩瀚的沙雨,银色的,铺天盖地的,悲金悼玉向我降下。细小的沙砾如鞭子抽上我的脸。我哀哀蹲在狂风当中,掩住面孔,但并不是因为脸痛,我太悲伤以至于感觉不到痛。

我悲伤是因为,风间、尘世、神所创的每一个可能世界里,都没有沈初时了。

彼时彼刻,我倒宁愿他真的拉上我垫背。可是人性那么幽暗诡谲,有时候我们以为自己可以,但其实做不到;以为没有爱情发生,但其实它早已觉醒,比看见要早,比认知要早。人,太善于跟自己起误会了。不到最后关头,一切都得不到印证。而其实呢,印证也是虚妄。

彻底的虚妄,除了——

我拧着眉,皱着嘴角,却无法哭泣,我的水分已被沙漠吸干,并且,永远地,失去了我的右脚。

说着,郑红衣缓缓跷起右腿,将短丝袜褪下,给女记者看。

那是一只硅胶义肢,人工的,肉色的,蓬勃的,青春无敌。

这只右脚无所谓年华老去,与郑红衣此刻衰朽不堪的肌体相形,仿佛对于过去时刻的悲悼与记诵,更觉凄楚诡异。

记者无言,半响才终于问出一句:"红衣女士,您是否怨恨命运?"

红衣一面穿袜,一面淡淡道:"令人与人离散的,说到底是本质的深渊。一度深爱已经很好。我没有怨憎。"

"那么，风间之国是否依然存在？"

"姑娘，我无从得知风间的兴废，因为我再也没有回去过。"

送走那位记者，郑红衣回到客厅，望住窗外漆黑的沙漠发了一阵呆。

然后她走去壁炉旁，摁动雍正年制天青色双耳瓷瓶下一个金色按钮，整面东侧墙体便缓缓升起，露出其后一幅巨型油画。

占据了整面墙的，是一匹奔跑中的白狐。

它艳白如昼，极长的毛在风中猎猎扬起，十分威严。

它强烈地存在。如此强烈——整个世界都会为它的离去，发出"嘭"的一声。

红衣在沙发中坐下，注视这幅画直至睡去。这时一声尖锐的唿哨自窗缝渗入，沙漠里，起风了。

这里要讲的，是爱的第一万零一种形态。

——一念之仁的放过，也是爱情。

据说，此后的数千年间，风间族人几经嬗变，最后，他们当中特别渴慕尘世的那一支，终于可以生存于江南人的衣袖之上。

夏虫的冰：写在《风间》之后

九幽之六是一个异常悲伤的故事，也很漫长。

十月，我终于在从杭州回北京的高铁上完成了它，我刚刚结束一次出差。

车厢里十分热闹，人们嗑瓜子、打扑克和织毛衣。乘务员推着干炸小黄鱼套餐经过我的身旁。小说就在瓜子和干炸小黄鱼的气味中完成了。

我从电脑上抬起头来，内心疲惫不堪，火车已近天津，北方天空特有的浑浊正在越来越深地笼罩我。

有那么一个瞬间，我错觉自己就要哭出声来。

开始这则故事之前，我在书桌上发现一只死去的蛾。

双翼橙红，其上散布黑色斑点。我拈起它，它的两条腿就掉了下来。

昆虫的死，应该是所有动物当中最干净的一种了，没有腐臭，仅仅是干枯和萎顿，非常接近植物。

这只死蛾之于我，就是2013年夏天的句号。

夏虫不可语冰，它享受过了属于它的烈日与风，但秋月冬雪却终究是看不到的。

这中间有很深的道理可讲。但我却讲不出口。

我只是想到人所遭遇的很多死亡和离散，都是由当事者的属性所决定。

我们负担这种属性，悟性高一点的人会在有生之年尝试理解它，但无论哪一种人都无法更动或是摆脱它。

这种情况，也许有一个简单的字眼足以概括，就是所谓"宿命"吧。

九幽之六关于属性和宿命。

说的是一个异常脆弱的族群渴望来到我们所在的这个粗糙而广阔的世界。

让注定活不过夏天的虫得知冰雪的存在，是很残忍的。

无从靠近的渴望是世间最大的折磨。没有比它更大的了。

而人的心中为什么总有不切实际的渴望？超出自身属性的范围，也超出理性的界限。

这很荒谬，却也是人类全部的伟大和荣耀。

因为自由总在界限之外，而真理超越一切范围。

这则小说也关于不可能的爱人。——是的，我所有的小说都关于不可能的爱人。

动笔之前，我曾跟一个闺蜜约在咖啡馆见面。

当我告诉她，这个故事试图探究那些一念之仁的放过其中所可能蕴涵的爱的深度时，她就哭了。

她刚刚经历糟糕透顶的失恋，"昨晚我梦见考试时答不出题，全靠你扔小抄给我"，她说。

其实何来小抄？无非是些死记硬背加上痛苦的经验罢了。

九幽是一个系列，讲述在九个平行时空发生的故事。

夸张一点讲，相当于虚无主义者的《镜花缘》。

两个主角的名字我懒得换，一直就叫沈初时和郑红衣，男二女二也一直叫做叶暗花明。

其中的一点小意味也很简单：情天恨海渡遍，也不过是有限的几个人敷衍出一段故事罢了。谁跟谁，叫什么，根本不重要。

从第六则开始，九幽我不会再放到网上。何时面世，但凭机缘而已。

不做学生以来，日子渐形挤迫，时间和精力也越来越有限。

而我想要做的，一向过分的多。

我觉得是王小波把我给坑了，因为他总是说，人仅仅拥有此生此世是不够的。

帝都秋深，落叶西风时候，暖气片开始咕噜噜地上水。

夏虫都已萎顿，都已死去，它们的尸体都已覆满尘埃。

而冰，有人说它冷得像海底的石头，也有人说它烫得像火，但我总得摸一摸才能知道。

2013 年 10 月 29 日

方寸

题记：何须为命运的拨弄感到悲哀？毕竟，我们什么也不知道。

海洋浩瀚无言。

七月初一，斜月如钩，清辉冷然如雪，照得沙滩一片银蓝。

我离开欢腾扰攘的酒肆，环顾万物皆有醺然之意，我便微笑，沿着弯弯曲曲的海岸线走。风带来海的咸腥一阵一阵，白色海鸟零星停泊在黑暗的海湾，随浪涌明明灭灭，仿佛百合花之于旷野，星芒之于宇宙，萤火之于一首很长很长的现代诗。

恍惚间也不知走了多久，前方忽有怪岩坟起，嶙峋巨石堆叠而上，约三丈高处成一平台。正值初一大潮，海浪急涌，至此遇阻，遂拍起惊涛，浪击如奔雷，隆隆之声不绝，好似大吕黄钟。细看时，只见平台临海处盘着一条巨蟒，通体红如火焰，昂首独对惊涛骇浪而岿然不动，状如坐禅。我心知有异，便即停步，闪身苇丛之间窥视。片刻，那巨蟒徐徐向空中吐出一枚灵珠，鹅卵大小，其上浮动幽蓝光晕，与新月辉映，宝光流溢，圆柔之至。巨蟒一吐一纳间，灵珠光晕随之一明一暗。

呵，蟒的修行。

凡兽有德者，修五百年方可受山川灵气化育结而为珠，其间须避过五杀五劫，九灾九难。此后，每逢天地精气激荡之时，以灵珠行吐纳之功，此卑小兽身方能与万物浑元如一。

这枚灵珠光晕纯净柔和，气质已远妖而近仙，此蟒修为至少已在千年之上。

我见之欢喜不已，轻轻招手，那灵珠竟破空飞入我的掌心。我揣它入怀，它尚扑扑跳动，仿佛一枚心器，动了情，全无着落。沙沙沙，长草倒伏，巨蟒追随而至，我回头张望，已不见它的踪影。到得家中，惊魂甫定，我自怀内摸了那珠子来看。方取出，忽见珠中现出一张女人的脸——嘴角似笑非笑，一双眼睛却很疯，仿佛野玫瑰开在危危断崖之上。

那女人自灵珠中窜出，她竟有蟒的身体。我喉头一紧，已被她缠住。

她冰凉地收束。我听到"喀拉喀拉"地声响，也许是我的骨节或是我的牙齿彼此碰撞。

"沈初时，"她艳丽的面孔凑上来，口吐蛇信，轻声唤我名字。

我便如遭雷击般认出她，我认出她似笑非笑的唇角，她疯狂的黑眼睛。

今生今世我也无法忘记她。她是郑红衣。

"郑红衣已经死了。这是梦，"我对自己说，同时再次凝望她的脸。她竟变得这样优柔，这样无定。

我眼角一酸，忽然在梦中落泪。郑红衣已经死了——在梦中我也未曾忘怀这一点。

我痛恨我的理智，它太严苛，竟然追到梦里来。

仿佛有锥子刺我的心，一点心头血流尽，我惊坐而起，一床都是月光，满脸都是泪。

依旧桃花面，频低柳叶眉。觉来知是梦，不胜悲。

红衣已经死了。

也许，她就死于月皎时分嵯峨之美。

一切要从数年前讲起——

数年前某个雪夜，我得到一只酒壶。

酒壶很小，不过盈掌，青瓷，魏晋物件，从一名潦倒的世家子弟手中收来。

其时隆冬,那妇人穿件袖口领口皆已磨破的香奈尔,以一块陈旧的克什米尔羊绒披肩裹住那只酒壶来见我。穷途末路的人气味也都相似。她很静,用静来维持一点尊严。

"沈先生,也许你愿意验一验货",说罢,她便默默以那只酒壶为我斟酒。

我拈杯在手,酒香闷拳般打上来,很诱惑,我却没有喝——我已年过四十,是一名精悍成功的古董商,在生意做成之前,我从不喝酒。

壁炉里的柴噼啪一响,她动了动嘴角,似有话要说,却终究也是无言。之后,她取走我准备好的七位数支票,影子般没入帝都的雪夜。雪下得异常绵密,整个世界仿佛浸在被摇晃过的水晶球镇纸里。

我举杯,将那酒一饮而尽,竟是甘美异常,于唇齿间缠绵低回不已。

七位数着实太少,但穷途末路的人并不能要求更多。

这只青瓷酒壶,器型极朴,却是收藏界中一个秘而不宣的传奇。

千年间有人为之败落、沉沦、喋血乃至身首异处。

它的秘密在于——明明是空的,却可以不断倒出酒来。

自得此壶，我陶然大醉三日，酒国浮沉，物我两忘。

庭院中积雪莹莹，杨木枯枝阴影勾连如网，冬之凉薄日色中铺天盖地兜下，而我端坐网中，据案、执壶、独饮，醒而复醉，醉而复醒。

壶中酒源源不绝，不是人间事物，妖异？是有一点。但我也顾不了那么多。

那酒甘美之外更有深沉绵静之意，入肠令人酸软，一重重旧梦涌起，真是欢愉又寂寞的事。

葡萄四时芳醇，琉璃千钟旧宾。夜饮舞迟销烛，朝醒弦促催人。春风秋月恒好，欢醉日月言新。

恍惚间我还见到花明，亭亭十八九，自我身旁轻盈跑过，裙裾如云般扬起复又落下。我唤她的名字，她便回转头来，对住我粲然一笑，阳光下，齿如编贝，发如流瀑。电击一样地，我便猛然记起那一天她一手掩着白鸽般的双乳，另一只手伸向我，面孔上犹自带着林间小鹿般的娇憨神情。她出身豪阔，却爱上十余年前一文不名的我，彻底委身委心，我很是受宠若惊，惊到可以为她去死。后来，当然，她嫁了别人。经年不见，她快不快乐？过得如意么？是不是已经忘记我？

是这样我昏昏伏案，拂袖间酒壶翻倒，酒浆汩汩溢出，淌得一案都是黄金般惆怅的蜜色。

人能够放纵自己的时间，总有一个限度。

不管喝到多牛逼的酒，只要不醉死，总要回到人世间继续生活。

你看，我，四十出头的古董商沈初时，终究还是打开了手机，振衣、扬眉、清一清嗓子，开始处理手机里那无数个未接来电。

在黑暗的记忆里痛得要死的心，天亮后，不过是一个肌肉组织。

我将这只酒壶藏于密室。

汝窑月白釉圆洗其左，哥窑金丝铁线纹胆瓶其右，此壶居中，态近于拙，然而气韵加身，竟也不怯。

数月后，我开始在夜里听见有人唤我名字，唤得很模糊，仿佛婴孩学语，每一个字都含在喉间，被喉头挤得扁平，之后艰难挣出，已然变形。听来只觉好笑，我并不在意。后来那呼唤日益清晰，渐渐听得出是一把女声，一日唤我名字二三回，便也寂然。那段日子，有好几次，醒来时我竟卧在密室的榻上。其间我是如何穿廊过院，如何走阶落梯，又如何以锁匙开门，再输入电子密码，我探一探脑海，竟是一片雪地似的空白。

某夜，我在朋友的饭局逢得一位异人，据说京中高官常引之为上宾，因其能在一眼之间断人富贵生死。

一入席他便凝视我，至酒酣，终于忍不住对我道："这位沈先生，魂魄已离窍三寸，竟然谈笑自若，莫非是在修习什么奇门法术吗？"

我闻之愕然，答曰："并没有。"在座众人皆看我，目光中俱增忌惮之色。

那异人便趋身附在我耳畔，淡淡道："如此，今后若有人叫你名字，切不可随便答应。"

老实讲我已惊出一脊细汗，却不便挂相，只点头应承，一面强打精神取过酒杯来遮住脸，低头却见胳膊上的寒毛一根根都竖了起来。

当晚我回家，先喝一盏岩茶定神，随即去到书房练字。书法凝心定气，我惯性地写一帖再睡。

近日在抄《古诗源》，至卷七晋诗第六首，傅玄《短歌行》：

昔君视我，如掌中珠。何意一朝，弃我沟渠。

昔君与我，如影如形。何意一去，心如流星。

昔君……

末句刚起了个头，忽听院中有人唤我名字，我一惊，随即悬臂、止笔、侧耳。

接着又来了，更近一些，几乎就在廊上，再叫："沈，初，时。"

唤声如珠玉崩落银盘,一粒一粒,声声慢。且又极陌生,陌生到仿佛鸿蒙初开,天地间第一个有名有姓的人,是我。

因了这呼唤,每一个字都重新有了意味:沈,是沈腰潘鬓销磨的沈;初,是骤雨初歇的初;时,是时有幽花一树明的时。大千世界与我的关联全从这名字当中来了。世界不动,我亦不必趋前,只以名字彼此试探就好。其间多少场憔悴,多少回秋凉,多少番人间花树朗朗青空,全都明了,全都清楚。

听唤,我心生欢喜,极欲应答,极欲与这名字合一,只有合一我才具体、我才属世、我才成我。

然而席间异人言犹在耳,"今后若有人叫你名字,切不可随便答应"。悄语背后是巨大黑暗的未知。未知何其凶悍。我承认,我畏惧。这样我只好紧紧锁住双唇,默然又默然。沉默中我不曾动作,毫尖点墨坠下,"啪嗒",于洒金宣上缓缓洇开成拇指大的椭圆。

我失神,慌张搁笔,又以粉笔吸取墨迹,理性之维稍稍崩落,可趁之机仅有一线,恰在这一线之间,那唤声第三遍刻不容缓地来了,"沈——初——时——",就在我耳畔,那人的气息吹动我后颈的发,我痒。

于是,我甘之如饴地于是,我应了一声。

是在海的咸腥中我睁开眼睛。

我竟躺在沙滩上！如果这不是做梦，那就是我在发疯。

海面却很平静。阴天的傍晚，厚实的铅灰色云层在天际线上隐隐如蛇般翻涌。海面上又有半透明的金色物质盘旋不已，其浮游曼妙如云影，而闪烁跃动又似火焰。它们没有形体，水母般飘然半空，一刻不休地趋近我又远离我。我注视它们，更觉这是一场荒唐的迷梦。

身侧忽有柴火爆裂的噼啪声，我转头，篝火热热地映上我的脸，而火光之外，一群黑影正静静俯视我。

我一吓，急忙抽身坐起。人群当中随之爆发出欢声，"来了一个新人！活的！"他们笑喊。早有人将我一把拽起，这群男男女女遂一拥而上，却又小心翼翼地逐个触碰我的衣衫，尤其，是我的牛仔裤。

"哎呀，他们这代人怎么穿着铁皮到处走？"

"是刑具么莫非？"

"看形制倒真是裤子，但皮肤真的没有蹭破么？"说着便要伸手探向我裤中。

我狠狠掐自己手背，痛得要命，确定这不是做梦。我避过他们的进犯，冷冷问："这是哪里？你们是谁？"

人群中静了静，但很快，却有一眼眉细薄的白衣少年越众而出，笑着反问我："那么你是谁？"

我张嘴欲答，却无论如何想不起自己的名字。

多么匪夷所思。那几个我曾无数次在支票、文件和账单上签署过的汉字，不仅消失于我的口腔，也消失于我的头脑，乃至完完全全消失于我的生命中了。剜去。失落。消弭。仿佛一枚浆果，清晨明明还在，黄昏时却已不见，枯叶犹在风中颤动，而一度缀满果实的枝头早已空空如也。如果说名字可以被视为人体的一个器官，那么，我的名字，它已被彻底摘除。

那少年见我张口结舌，便告慰般对我讲："此地名为方寸，我们都是历朝历代被夺去了姓名的尘世人。"

方寸，壶中国度。

壶为魏晋年间刘伶手造，秉乱世之异质，奉竹林之狂狷，竟尔能出酒不绝。且其酒甘美芳醇，有千般滋味，后世藏家皆视之为秘宝。壶中尝出声，唤尘世间饮者之名，不应则已，一应则微形而入壶，浑忘姓氏名号，终身在方寸为役，专司酿酒之职。

那白衣少年面貌虽轻，实乃明永乐年人士，壶中日月，已历堪堪六百余载，为现存尘世人中最长者。"大家都是无名氏，到此间皆自命其名，我因单记得自己是重阳那日入壶，故以重九自呼，你且叫我九哥儿罢。"我便拱手见礼，又就此与余众厮认一回，凡在场数十人中，九成都是男子。

重九将我领至背海山丘后的一处棚屋，只见屋外广种黄金葛，枝条蔓蔓，攀缘上屋宇。花木间浮动着适才我在海面上见过的半透明金色物质，幽游无定，如梦似幻。这时重九已打开棚屋的门，回身对我道："此地原为一元末女子所居，她于数月前亡故，房子就此空下来。她自呼春轻，娼家出身，弹得一手好琵琶，柔然有情致，铿然有战意。原本我与她极为投契的。自她死后，我时常想，下一个应该便轮到我，"话至此处，重九却停了下来，似在压制自己的情绪。很快，他接着道："而且到死，也不知道自己本来的名字。"

我心内随之一空，伸手拍一拍他的肩膊，他却轻轻侧身避过。于是我知道，在这里，有些事情不可安慰。而这个自命其名为重九的明代人，毕竟是太骄傲了。

"你且歇下，明日五更起往酒坊做工。酒坊就在出门往东三里处的海湾内，沿小径直去便可，必不会错过的。"说罢，重九转身便走。

我闻之大奇，不禁环顾四周，笑问："若说方寸成其为一国，为何不见国人往还？若方寸中没有国人，谁能拘我们为役？你我何必自甘为奴？不如在这好山好水之间，寻个自在。"

话音未落我已被裹挟于一团金色雾气当中，那雾气瞬间充塞我五官七窍，令我无法呼吸。我拼死挣扎，但很快便力竭倒地，抽搐不已。未几，金雾消散，我方渐渐缓过来。

重九蹲下，轻声对我道："那些金色雾气，便是方寸族人。适才你出言不逊，他们已小作惩戒。方寸族人为上古酒魄所化,由帝女仪狄亲酿,历沧海桑田,经升平衰乱,虽形态无定,然耳目清明,论智慧阅历,每每凌驾于我等之上。但他们没有形体,酿酒多有不便,故须以不二法门拘尘世酒徒入壶代劳。"

闻言,我只能点头,从地上爬起,默默扶正胸腔中那一枚慌乱的心器,至此方觉踏上危途异界,毛骨悚然——这分明,已经不是我所熟知的那个人间了。

是晚,房中有黯黯金光不住流动,不必睁眼我也知,那是方寸族人在我房中盘旋,窥视我。

我无从入眠,只能以棉被蒙头,卧听窗外啾啾虫唱,忽记起临别时重九嘱咐我:"尽快为自己起一个名字,因为在这里,你会活很久。"

活,是何等沉重的负累。在方寸,有生以来我第一次这么想。

方寸之酒,务须七蒸七酿。酒坊凿渠引海水入内,以作浸料与冷却之用。

烧炉极大,似一座山丘,其下火光熊熊,昼夜不熄。风箱由四组人轮番拉动,每组三人,无论寒暑,皆赤膊上阵。

在水、火、酒曲与时间的拷问下,植物终于招供,吐露其生命内核的秘密,它隐微而浅显的甘甜,它渺小而壮大的辛辣。无疑,这是一种巫术,是上古先民已会施展,而今时今日已失去其魔魅光辉的工业日常。

酒酿成后并不封坛,而是直接经导流渠汇入酒泉,并最终由此涌向方寸国土上每一条奔腾不息的河川。

一国都是欢愉的酒香。

酒坊中灯火通明,其间浮荡着方寸族人金色而无定的半透明身影。

突然,他们云集于我面前,狡黠地闪动,示意我喝下导流渠中初蒸初酿的酒浆。那酒色泽清浅,闻之亦无甚味道。喝酒谁不会?我岂肯示弱,赌气舀了半瓢,大口啜饮,刚入喉,不禁"哇"一声全数呕出。那酒浆异常苦涩,绝难下咽。

众皆捧腹,方寸族人的身影亦急促抖动,似大笑,令整座酒坊忽明忽暗闪着金光。

我自知被戏弄,大为气结,将木瓢掷回渠中,酒浆溅了左近黄衫少妇一身,她抖落裙幅上的酒水,却不恼,只笑道:"你这汉子,气性忒大。这海名唤大悲海,乃尘世女子眼泪所灌,初酿的酒浆苦味未消,自然难喝。你何必着恼?"听她这么说,我吃了一惊,望向酒坊外的海。此时天已大亮,海天之间有白鸟盘旋。海潮正在退去,渐次露出白色的沙滩和嶙峋的怪岩。海水轻拍,连绵不绝的涛声自极远极深处不断不断地抵达,永不止息。

所以，这女子为何哭泣？她的双目因谁酸涩？她的心又是为谁痛楚？此刻我们听到的涛声，可是她心潮的澎湃么？

"方寸历来汲取尘世女子的眼泪酿酒。一旦中选，这女子就特别容易伤心流泪。多则一年，少则数月，便即泪竭而亡。其中也有特例，清朝初年，曾有一个女子，因是仙胎，她的眼泪倒供我们酿了三年五载，最后也是泣血而夭，死于心碎。"我循声看去，见是重九，"据说后世还有人著了一部奇书，纪念她。我未曾读过，不知如何。"

我心头一动，已经知道是那一部书，正欲告知重九，却见那黄衫少妇捧了一只托盘到我面前。盘中有两樽酒，香气清冽扑鼻，酒未入口，我先醉了。"你再尝尝这个，"她道，"这是七蒸七酿之后的原浆。"我看着她弯弯笑笑的眼睛，竟无法拒绝，遂取其中一樽尝了，但觉舌底生香，大赞好酒。

黄衫少妇却不动声色，招一招手，已有一方寸族人荡来樽前。她递个眼色给他，那人便化作一道金光钻入酒中，金光在樽内游走如蛇，盘旋数周，倏忽钻出，酒色已见更深，是琥珀般沉郁的金色。我观之垂涎，不待人招呼，已自取来仰脖饮尽，一时间，喉头回甘无限，脑海中忽有幻影，影影绰绰浮出花明的脸：她永远出现在春天，是幼鹿跑上残雪未消的林野，是桃花一夜间开满了寂寞的山谷，是溪涧破冰，重新开始流动时冰块碰撞的铮琮之声。青春之光，何其永恒而何其易逝。我到底失去了她。我的春之祭。

呵，在尘世，令我心神摇荡的可不就是这酒？

然而，这又何尝是酒？这分明是被提纯、被酿造、又被上古酒魄亲身点化过的女子之悲哀。从没体会过这样具体的悲哀。

"花明，"我轻声唤她。她是终将在我有生之年扰动我心智的幻影。而我，已失掉自己的名字，再也回不去了。我们再也回不去了。

"那么，你想好了么？你的名字，"重九问我。

"想好了，"我斩截，却又带着醉意，"叫我叶暗。"

花明叶暗，南国风雨最伤春。

重九听了，深深看我一眼，没有问缘故，只点了点头。

那夜，我才真正见到方寸。

重九带着我，在方寸族人的簇拥推挤之下来到一片空阔的林地。

竹林里薄雾浮动，巨石间，纵横交错的溪流中淌着金酒，蜜一样，闪着黯黯琥珀光。

方寸人正在酒中嬉戏，一遍遍俯冲向溪流之中，啜饮之后又即凌空飞去。他们中的大多数已经醉了，正一刻不停地旋动、扭转、翻滚、起伏，姿态剧烈而惑人，如被无形之鞭驱策。忽见数人拥作一团，呼哨一声，腾空而起，片刻后夜空亮如白昼。他们在高空如花绽开，倏忽星散，一场金雨飞瀑般兜头坠下。整片竹林都笼在铺天盖地的金粉之中。忽又见他们排成长长一列，紧贴水面疾速滑行，溪水像是起火，沸腾了，燃亮了。

我鼓起掌来，倚石而坐。重九自袖中取出一只绿玉盏递给我，我便用它舀酒喝。那酒暖暖的。我五脏六腑忽地酸软成一团。花明的幻影再度出现，但那已不重要。我四十余年如狗的生涯中，唯一不必理会生之重负与失望的，是这一夜。忽然地，我随手拾起一块石头，击节而歌，歌曰："昔君视我，如掌中珠。何意一朝，弃我沟渠。"

重九听了，若有所动，击石与我相和："昔君与我，如影如形。何意一去，心如流星。"

如此高歌数回，方寸之人竟渐渐安静下来，缓缓向我和重九聚拢。我们的周遭突然亮了，如坐至大至尊的光明之境。那时我已醉得很厉害，眼角忽觑见粗大的毛竹正有巨蟒节节攀上。重负加身，那毛竹弯下来，再弯下来，如一张弓绷紧。我仰头，欲指给众人看，却就此坐卧不稳，一头扎进方寸族人的怀中，如扎进一朵曼曼的云。待我再看时，那巨蟒已不见了。

他们不断从四面八方席卷我，蓦地，我身体一轻，已然腾空。飘飘忽忽，我醉卧金云之上。那云团大如深海之鲸，将我托举,向上,再向上。看时,重九也在近旁。

很快,我与他便盘旋于竹林上空。向下,只见竹林萧然,狂风吹动林梢,起伏如浪。大风中,好多次,我险些跌堕,而那金云自有灵性,一卷一舒,承接了我。我大笑,笑出眼泪。逍遥游也不过如此。云团越升越高,我的心中却毫无恐惧,失落了石头,我便击掌而歌:"昔君与我,两心相结。何意今日,忽然两绝。何意今日,忽然两绝。"

在方寸的第二夜,我把自己叫做叶暗,我喝醉了酒,并且高唱傅玄《短歌行》,满脸都是泪。

人的感情多么奇怪,我明明以为自己很快乐的时候却在流泪。

朦胧中,我看向重九,他同样击掌高歌,清教徒般苍白禁欲的脸上有一丝狂浪的笑意。

这样我就有一点明白,被拘进方寸的尘世人,多少都有些断肠处吧。

不曾痛饮的人,无法理解方寸。看不见幻象的人,无法理解方寸。惯常以理性克制狂想的人,亦无法理解方寸。

因为方寸,乃是对欲望无休止的迎合。

头很痛,醒来的时候头很痛。

我呻吟着自地上爬起，只见四下无人，竹林静谧，轻烟浮动。

西天上，银蓝的斜月正将隐去。东方微微放亮。这已是我在方寸的第三日了。

竹林深处忽有巨岩坟起，嶙峋青石堆叠而上，约三丈高处成一平台。一条巨蟒盘踞其上，通体殷红如血。我的心中不知为何"咯噔"一下，只想，这巨蟒不知在何处见过。仗着残醉，竟不觉害怕，只闪身竹丛之后窥视。

但见那蟒昂然一动，向新月仰首，徐徐自口中吐出一枚灵珠。灵珠极美，约莫鹅卵大小，其上笼着一层幽蓝光晕。它口中念咒，灵珠随咒语轰然爆裂，化作万千碎片，奇的是，那些碎片却并不散落，只如星体般环绕巨蟒不住旋动，形成一个巨大的光球。光芒膨胀再膨胀，柔和的幽蓝光晕此刻已成万丈光焰，与星月同辉。

我好奇至极，一再凑拢细看。不看则已，一见之下，不由得惊呼出声——那些碎片竟是"字"。

那蟒甚警觉，闻声顿时收了法术，将灵珠吞没，扭身向我扑来。

沙沙沙，长草倒伏，巨蟒追随而至，我回头张望，已不见它的踪影。

"呼——"，我长吁一口气，站定了，双手叉腰缓一缓。

前方两丈外的竹林间忽闪出一张女人的脸，肤光如雪，容颜如桃花般艳丽，发髻上珠翠摇摇，正向我张望。

"姑娘，你也去酒坊上工？我走迷了，麻烦你带个路，"我笑着招呼，向她走去。

那女子却不应我，嘴角似笑非笑，直到我走近，她才细声道："哦，昨晚我见过你。"

是吗？我却不记得了。

恰这时破晓，曙色自东方斜斜穿射，映得林间露水似珍珠璀璨，千千万万，无以计数。风吹露动，我后脖颈凉湿成一片。那女人忽自竹丛后窜出，腰腹之下竟是殷红蟒身，我喉头一紧，已被她缠住。她却并不打算取我性命，只将艳丽的面孔凑上我的脸。她有一双疯狂的眼睛，仿佛野玫瑰开在危危断崖之上，野火正从天边飞快地烧过来，烧过来。

她盯紧我。她盯紧我我便周身滚烫，滚烫得，我只能急忙别转脸去。

欲念之火，几乎将我点燃。我不能再望着她。

她却不依不饶，颈项驯顺而冰凉地绕过来、贴近来、擦蹭上来，口吐蛇信，轻笑道："昔君与我，两心相结。何意今日，忽然两绝。尘世人，你唱的这歌很好听。"她赤裸双乳间缀满红宝石璎珞，同样贴紧我，硌得我痛。

我就是这样遇见了郑红衣。

重九知悉此事,却并不惊讶,只"唔"了一声,简单解释道:"郑红衣是方寸的镇国兽,喜食尘世人的名字。我们的名字便是被她给掠去了。她性子乖戾,喜怒无常,你我还是敬而远之吧。"

我想起她野玫瑰般的疯眼睛,其中盛放欲念之火,只知燃亮而不懂得熄灭。我想起她的脸,竟有一点怅然。

"在尘世,我听见唤我名字的人,就是她?"

重九显然已不愿多谈,只是点了点头。

在方寸,日子过得很快。

不知愁,也没有饥饿感,单单饮酒便即饱足。

当然,有时我仰脖喝下酒去,喉头辛辣提示我意思。这畅饮背后是一个尘世女子的憔悴。她就要死了,而她自己还不知道,还在那里怯怯地流眼泪。我们日日夜夜酿着她的伤心,酿成黄金般绝妙的美酒。我们却不知道她的名字。

欢愉与痛楚彼此违背。我们的欢愉与她的痛楚彼此违背。但彼此勾连。勾连得很深。几乎,就像是罪恶一样。

但我挥一挥手将这念头驱走。不过是代价问题。在对欲望的餍足面前,容不下那么多性命攸关的事。

我在屋前垦出一小片地,中间种蓝莓,四围种佛手,皆以金酒浇灌。果实因此长得飞快,一个月便告成熟,咬一口,满口酒的甘香。也因之常常引来方寸族人在此耍乐,金雾弥漫中，一园都是他们尖细的笑声。

很难说我希望如何打发未来据说十分漫长的生涯。但其实活着就是不必思考那么多。

思考，或否，剩下的日子终究要来。

凌晨我听见后窗"笃笃笃"响，似有什么敲打在窗上。

启窗看时，只见整个窗台都是小小的炸裂的蓝色浆果，紫乌乌的汁液溅了一壁。

果园就在窗后，不过数丈见方，一眼足可望穿。园外林野寂寂，时有鸟鸣，山丘背面传来浩瀚温柔的涛声。

呵，不知是谁恶作剧。我重新躺下，足尖忽触到一个冰凉的躯体，有人在被中咯咯笑，不等我掀开薄被细看，已有两片嘴唇软软糯糯贴上我的，且同时以舌尖度过一枚浆果至我口中，温热甘甜。随之我便见到红衣的脸。我竟无法对她生气。后来我才知，我将永远无法对她生气。

"叶暗，"她叫我的新名字，我的心突然颤栗，仿佛那名字有了其他的意思，变得与花明无关了。

她接着说："那天之后，我常常想起你，想要跟你说说话。我在方寸这么多日子，惟有听你唱歌的那一夜，我像是懂得了一点人的感情。"

我无言，不知该说什么。人的感情，其实不懂也罢。懂了，于生命的冗长，并没有任何帮助。

她又说，"这世上有你之前，我已经在了；而今后，你不复存在，我仍将继续活下去。你之于我，无非一时一刻的闪亮。生命的黑暗与光明多么难解。叶暗，我的生命太长了，而光照的时刻是那么的少。我便想，我要来看一看你。"

郑红衣这一番话真令我惊。有妖的冷酷，也有妖的天真。

世界微尘里，吾宁爱与憎。由她讲来，竟不是禅机，而是滚烫的不可回避的欲念。

夜与昼交替的微暗时刻。

郑红衣雪白精巧如同象牙微雕般的五官，她惊人而不自知的美丽，她的冷酷与天真，都令我涌起情欲，十分难耐。

于是，我像猎获我在尘世的每一个情人一样，伸手去抚弄她的乳。她的乳饱满而冰凉。抚着它，如同抚着永乐甜白釉碗，细而腻而柔，抚久了便有肌肤的温亲。而这时她已缠绵地攀上我的腿，凉滑鳞片蹭上我的勃起。还没来得及转念头，我的身体即刻萎顿了。呵，她毕竟，是一条蛇。

两具肉身同时凝住，怕不过才半秒，便即分开。那半秒，几乎有一世那么长。还好盖着被，不那么尴尬，却都有点意兴阑珊是真的。

空气里微妙的氛围，冷而腥。

多么可耻，欲望的承诺最最空洞，而我，竟有片刻对它深信不疑。

那时天已微亮，数道天光自顶棚缝隙间泻下。

红衣轻吐蛇信，竟勾来一丝光线。

那线细亮如银，在她口中舌尖卷动，忽长忽短，十分趣致。她又以蛇信取来更多光线，挂于帐中，口中轻轻吹气，光线间彼此碰撞，其声清亮爽脆。她笑着坐起身来："晨光便是如此。黄昏时的光线，声音低沉很多。"说话间，她的鼻息吹动那一列光线，它们银铃般作响，柔和的光芒闪耀我的眼睛。

我按捺不住，遂起身去碰，那光线忽然柔软，握在手中，是一束纤薄的丝线，又凉又滑。

这回却轮到红衣讶异，"叶暗，你是第一个能拿起光线的尘世人。"

我自己也惊讶得很，问她："其中有何缘故？"

红衣想了想，淡淡一笑道："我也想不出。也许，你跟方寸有特别的因缘吧。"

我们累世累代都在讲述那则人与蛇的故事。

许仙与白素贞，书生与妖精，被引诱者与引诱者。

她弹洒为雨勾搭上他。用法力，用幻术，用细细密密的妖的心意。

而他，作为猎物，作为欲望的对象，或者也没有那么无辜。他早知道她是妖吧？然而她那么美，那么温驯而善解人意，那么爱他以至于自降身份迁就于他。如花美眷，千年道行，不过换他一纸婚书，百年结发。他肯。他太肯了。推拒了白素贞，许仙未必找得到更好的妻。

红衣善作胡旋舞。

舞时蛇腰袅袅，双乳颤动如酪。她是蛇呵，谁扭得过她？

末了，她一拧身倒卧在我怀内。酒盏被她打翻，溅得我一颈都是酒痕，我伸手欲擦，她却笑摁住我的手，以分叉的舌尖一一替我舔去。唉，我没有见过比她更妩媚的女人，但我跟她，竟没有性。

"你唤我进到方寸，有什么特别的理由吗？"

她懒洋洋，枕在我的大腿上，剥一只佛手柑来吃，一面吮手指，道："不外是因为你的名字好听。能有什么理由？之前我并不知道你是这样一个风情万种的中年人，且会唱傅玄的《短歌行》。"

我便有些受伤，抚着她的长发，轻声道："原来真有命运这回事。"

"哪里是命运？明明是你自己挑的。我叫你，千遍万遍，那也得你应我才行。你若不应声，我一点办法也没有"，说时，她已变了脸色，一翻身自我膝上起来，往竹林梢头飞走了。红衣是一个太真实以至于无法跟她讲情话的女人，虽然妩媚的时候没有人比她更妩媚。

我长久凝望她飞去的方向。三伏天的日头暴烈而多芒，刺得我双目流出泪来。

方寸的酒，我恐怕是喝得太多了。

那一个夏天很快便过去。到了八月，风中已有一点凉意。

中秋夜，我备下四只海蟹，以紫花野菊连枝带叶编了一只篮子，给红衣送去，到了她的家，却不见人。

我只好悻悻然沿着山路返回，酒坊里，重九他们正在分食月饼。不知如何，这一夜的酒坊尤其昏暗，抬眼四顾，竟也不见日常监工的方寸族人。

我以目光向重九探问，他不言语，默默引我到酒坊后的露台。

海上明月共潮生。天心当中月色极好，白而凉，浮云在侧，不掩其光明。

这段日子以来，因我与红衣走得近，重九看我时眼神中每每透着忧虑。今夜他却只跟我谈月色："吴刚伐那株桂花树，这么多年也伐不倒。可见有些事情，实在徒劳得很。"我便也只跟他谈月色："1969年人类已登上月球。没有嫦娥，也没有吴刚，而那株桂花树，不过是月球上一处环形山，我们给它一个名字叫做宁静海。"

"叶暗，说到底，他们毕竟是妖，"重九终于放弃，不再与我兜圈子。

酒坊内传来众人欢饮之声，不知是谁讲了个笑话，人群哄地笑开了。突然地，我觉得很寂寞。方寸之中，没有我的安身之处。

"这几百年你是如何熬过来？"我看着他清教徒般苍白禁欲的面孔。

"先安顿好你的身体。不论你在哪儿，叫什么名字，寂不寂寞，你都只有它了，"他并不看我，只望着银光闪动的黑暗海洋，"方寸族人今夜都在大悲海东三十里的山坳，你去看看便知。"

蛇的交媾。

其交缠起伏皆是缓慢的和凝重的。

何等绵密的性爱。头与颈反复纠葛、擦蹭、萦绕，身躯攀上、撩动、忽又徐徐撤下。那是人类所谓"耳鬓厮磨"的最高级。未见过这样彼此顺忍的肉身，彼此服从，彼此驯良。啧啧，多么淫邪。难怪，在伊甸园内，指引亚当与夏娃领略性爱之妙的，是蛇。

肉体的沉重与轻盈全然在此了，情欲的沉重与轻盈也全然在此了。都实现了。仿佛旋律，不绝于耳地，柔靡地，艳丽地，一直奏下去，奏下去，直到它往云霄当中抛了一个尖儿，鞭子似的，凌空一抖，你以为收稍了，结束了，但是不,它兜一个圈子又回来,殷殷地从头来一遍,又一遍,再一遍。就着肉身的起伏奏下去,奏下去,直奏到上帝之城的光明里。

以肉欲,抵达理智的极限,是否可能?

银色湖泊,蓝莲花如繁星缀满。

水中,红衣正与十数条金蛇缠绕成一团。光影水影交织,竟是蛇的倍增和叠加,看去愈发耸动。条条金蛇全为方寸族人所化,绸缎般暗哑的金,明灭无定,一层一层柔而韧地游动着。寂静如隔岸之火,只听到红衣很低的呻吟。性爱如此烈而静。红衣喘息着甩动殷红的尾,白瓷般的双乳向着月光迎去。月光远而冷,清刚无欲,不动声色的旁观。

蛇身交缠间,湖水生波,蓝莲花被反复掀动,月光里,花瓣竟有刀锋般淬过火的银蓝。

据说,在夏娃之前,亚当另有一位不驯的妻子,她的名字叫做莉莉丝。

莉莉丝和亚当一样由上帝用泥土造就,所以她自命尊贵,不服从丈夫的威权。终于有一日,她反出伊甸,成为堕落天使路西法的情人。

上帝惩罚她,每天杀掉一百个她的子孙。莉莉丝不服,在红海边不断与恶魔交媾、与野兽交媾,造出无穷无尽的后代。

无休无止地创生与杀戮。红海成为永恒的血泊,不可救赎之地。一切起源于她的不服从。

她的名字取自希伯来文，意思是，夜。

黑色长发的莉莉丝，被后世描述为人首蛇身的女妖。她是玫瑰般刺痛而妖艳的情欲，是黑暗中吹灭灯火的嘴。

沉溺于莉莉丝的人，有祸了。

电光石火间，肉体丛林回环往复的盘踞中，我与红衣，竟有一刻四目相对。

何等惊心动魄的一眼。山谷间忽荡来数声猿啸，清越凄楚，渐渐远去。

我看见。而她看见了我的看见。但她甚至并不吃惊，只将嘴角轻轻掀动，似笑而非笑。双眼很疯，如野玫瑰开在危危断崖之上。她看着我。上天入地我也未曾见过这样丰富的眼睛，什么都表达了，而什么也没有表达。与此同时，她肉体的快乐仍然继续着。不知为什么我的心一阵昏沉的抽痛，羞耻极了，为她，也为我自己。我立刻自苇丛中站起，转身，大步流星地走掉。

他们毕竟是妖啊。她毕竟是妖啊。

忽听身后有响动，以为是红衣追过来，急忙回头去看。

却只见是回旋的风，贴着地面，低低地，吹动几片落叶。不是她，我失望至极。

该刹那，我醒觉自己对郑红衣存了不恰当的希冀，更对自己不齿。

说到底我跟她之间,没有性,谈不上爱,所余惟有欲望——无边无际的海洋般深邃黑暗的欲望,刁蛮的欲望。只懂燃亮而从未熄灭的欲念之火。黑洞一般,无从逃逸,无从填满。穷尽一切可能,都无从逃逸。吞没一切意义,都无从填满。

生命的黑暗与光明多么难解。

我垂首往回走,内心空洞得似有回声。

我的棚屋内却有漫漫温馨。

满屋氤氲都是紫苏与金酒的香。

忽有窈窕身姿自灶间闪出,笑道:"九哥儿差我把螃蟹给你送回来。我想这东西反正留不到明天,蒸来与你下酒。"

谁?是谁?我收拾心情,定睛看时,却是那黄衫少妇,笑吟吟地托着一只盘子站在我面前。盘中四只橙红大蟹,缚手缚脚,静静团在那里。垂死之际,连挣扎逃生的自由已遭剥夺。从头到尾的不自由。蟹的死亡其实何等沉闷而绝望。

我突然地,没有了吃蟹的心情。

那黄衫女自去桌前将杯盘排定,行动间翠色丝绦如青蛇一闪。

啊,蛇,我一念直抵红衣,忽不受控制地燃起欲念之火。灼灼地,烧得我好痛。这样我便趋前两步,自后环住那妇人的腰，她的腰竟如弱柳扶风，不盈一握。倏忽间她转身，嗤嗤笑着推开我，意欲逃开。我哪容得她走？一把拖住她的手，强拽她入怀，她银牙轻启，娇笑一声，竟也肯了。

一夕间穷极芳腻。尽夜无话。

凡生灵皆有七情六欲。

喜怒哀惧爱恶欲，是为七情。

色欲、形貌欲、威仪姿态欲、言语音声欲、细滑欲、人相欲，是为六欲。

欲望桀骛而速朽，故，心猿意马，需以理性为缰，牢牢羁住。然而这是何其艰深的命题呵。

印度教大神梵天曾创造出一位美貌无双的女神，名唤妙音天女。他深深迷恋她，无时无刻地注视她。天女害羞躲开，梵天却凭借无边法力，无论她躲到哪一个方向，他都在那个方向长出一张脸来。如是再三。结果，为了方便看到他的爱人，梵天长出了五张面孔。另一位天神湿婆见梵天为情欲所苦，遂以指甲将他向上的那张面孔削去，梵天负痛醒转，就此收摄心神，一意修炼，如是而成四面佛。

你看，天神尚且陷落于情欲忧困而无力自拔，何况凡夫如我？

黎明时分，林间鸟鸣如春潮渐盛。我将少妇裙衫间的翠色丝绦幽幽绕在指尖,忽想起来,问道:"你叫什么名字?"她已结束整齐,将丝绦自我手心抽去,凉凉滑滑,一面侧过脸媚笑道:"下回告诉你。"

然而岂知没有下回了。当天黄昏,我们在酒坊西面的栈桥下,发现了她的尸体。

尸身发青,但没有伤痕,唯左乳下有两个绿豆大小的血点,血色乌黑,必是中毒无疑。

重九与我对视一眼,彼此都已知道凶手是谁。

"我去找她,"我气结。重九不语,却突然发作,挥拳打上我的脸。

一时间我脑中嗡嗡作响,膝头一软,坐倒在潮湿的沙地。重九却不依不饶,兽一般扑上。我们扭打在一处。而我根本了无战意,未动手,气势上已先馁了,只图招架。他是发了狠,拳头如骤雨般狂落,揍得我一嘴一脸都是沙。到最后我已累极,蜷在那里听凭他发落。他一拳一拳擂在我的肩头和背膊,渐渐也就止歇。

海水一波一浪渐次涨来,红日正将隐去,海面上茫茫然浮动着数不清的方寸族人。呵,昨夜,他们的狂浪仍然历历在目。昨夜,他们与我都曾饱足。在欲望国度,饥饿者无非各寻各的饱足。

末了,重九将我拽去那具尸身面前,摁住我的头,逼我看她发青的脸,恶狠狠道:"叶暗,这是为你的欲望付出的代价。而这个代价,太高昂,根本不应由她来付。"

见到郑红衣时,她正沐发。

珠翠卸去,脸也素着,未搽胭脂而更见雪白。

想是已然洗毕,自有方寸族人拥上,殷殷为她将长发擦至半干。

之后他们又托住她的发仿佛托着乌云,搭上近旁横生的树枝。而她,由始至终,盘坐于溪畔巨石之上闭目吹奏一支竹笛。笛音清越,破空而来,绕林而去。她乌沉沉的发随风飘摆,千丝万缕,十分牵缠。仿佛,另一条蛇。

我蹑足走近,方觉悟,我是来兴师问罪的,何以像做贼?于是尴尬地清了清嗓子,扬声问道:"人是不是你杀的?"

红衣却似没有听见我的话,只住了笛声,轻道:"当年,在尘世,我修行于古刹后山的凤凰木下。你知那种树常开一种艳丽的红花。空山无人,风吹时花朵摇落如雨。千年间,红花开且复落,我本是一条白蛇,久而久之,竟被花泥染作血红。"她睁开眼,注视我,嘴角似笑非笑。我受到蛊惑,不由自主向她走去。

"那一夜,我就要修成人身。整个肉身麻酥酥,忽尔身侧生出双手,十个指头,长短不一;忽尔胸前坟起双乳,圆鼓鼓，摇一摇，竟然会颤；忽尔腰身又且极莫名而险恶地凹陷下去。我欢喜已极，正自抚摸玩赏，忽有一道金光窜至我面前。其时，上古酒魄尚有形态，乃是一条金身大蟒。它眼中落泪，说它当晚命中有雷劫，乞我庇护它一夜。然则我自身也正经历修行之最大关隘，岂敢轻易答应。正思忖间，雷火已追至树顶。叶暗，命运来时，哪容你我细想。我只觉眼前蓝光一闪，惊雷当空裂裂劈下。那金蟒随即挫骨扬灰，散了形，弥弥漫漫化作一片金雾。而我五内俱焚，一股无明之火自灵台烧起，终于昏晕过去。醒来时，已身在方寸。"

不知何时下起雨来，嘈嘈切切，好顺忍地淋了我一身。我竟浑然不觉。竹林间穿枝打叶荡来飒飒的风，激得我打一个寒战。中秋过后，果然秋意浓了。四顾已不见了方寸族人。

天昏地暗，只余我跟郑红衣。

那一夜，人间乃西晋初年，恰刘伶制方寸壶成，东南方隐隐一道紫气冲天。

上古酒魄虽被雷霆打散了形，然灵气仍在，一意求生，望见那道紫气，知有仙器出世，当真是绝处逢生，急急携了红衣奔赴，避祸其间。刘伶乃酒仙转世，有诸神护佑，天雷奈何他不得。酒魄与红衣得以在壶中安身，终朝酿酒、饮酒为乐，如是千年，遂成方寸一国。

然而，红衣自历雷劫后，五内中常郁结一股无明之火，发作时如堕炼狱,有众火来烧,痛不欲生。上古酒魄负疚不忍,数年后,不知从何处窃得一则秘术,教红衣直呼尘世人名,如得应声,则夺其名以炼内丹,此丹唤作"清凉珠"。

"字",天地鸿蒙初始间第一个符咒。

万事万物由此定型,受了拘束,无所逃遁。

传说仓颉造字成,天雨粟,鬼夜哭。那必定是,自然最后一次追缅人类的天真,追缅人类还相信神、敬畏黑暗的日子。文明始于此刻,一张结构之网,自此铺天盖地于莽苍之上——曾经浑然的,有了界分;曾经晦暗的,开了光明。但又如此撕裂。它恰恰就是西斯廷教堂穹顶上米开朗基罗所画上帝与亚当那指尖将触未触的片刻。是赐福么?是诀别么?都是。不,一定是诀别更多。人离开了神,未来难料极了、艰险极了,但智慧已开,无法再假装蒙昧,人不得不这么做,神也不得不这么做。

以上诸般,统统始于"造字"。

仓颉造字,遍摹日月星辰之相,广取天地山川之形,综观虫鱼鸟兽之姿,多拟花草木石之态,其间有道、有智慧、有大光明。故此,炼字为丹,竟能稍稍压制无明之火。

"唔,我记得那枚灵珠。你一念动咒语,它便星散成千万亿片,每一片都是一个字。其中,便有我的名字么?"

红衣微微点头，忽尔看定我，柔声问，"怎的伤成这样？"不待我答话，她伸手抚触那些伤口，伤口片刻间便即愈合，平复如初。疼痛陡然消去，我却忽记起重九充血的眼睛，还有他强迫我看的那张发青的脸——到她死，我也不晓得她的名字。这样我就推开红衣的手，振一振衣衫，道："你杀了人。"

她却不以为意，只徐徐舞弄那支竹笛，冷笑道："呵呵，倘若做妖不能随意杀人，那有什么意思？"其时山间的过云雨已经住了，四下里静得很，偶尔听见远远的枭叫一声，都觉好惊心。

"为什么杀她？"我不服，再问。

红衣叹一口气，道："醉里乾坤大，壶中日月长，千余年间，我已拘进过数百人。魏晋乃衰乱世，天地间正不压邪，其人皆纤巧风流，有点邪气，酿得一川好酒，且擅作药散，很对我脾气。唐人有胡性，不拘礼，酿的酒回甘浓郁，我也喜欢得很。宋人元气不足，酒味随之寡淡。元人多经杀伐，酒里有血气。明朝人规规矩矩，一板一眼，酿个酒也束手束脚，又一向视我为妖物，我素来厌憎这些俗子，杀过好几个，今次杀多一个怎么了？晚明时，我将这女人唤入此间，若非因我，她早已死在女真人铁蹄之下，岂能苟活四百年至今？哼，我不过是取走早已不属于她的东西，何须向旁人交代？"

我竟让她驳得无言。妖的逻辑中，岂容得下人的生死？

我深觉这趟来得无谓，便即扭身离去。从今后，我也只得在方寸消磨余生罢了——冗长的、乏味的、寡欲的余生。欲望的燃亮太危险，我懂了。刚举步，却听红衣在身后幽幽道："你此来，无非想知道杀她是不是为了你？"

闻言，我便回转头看她。她的双眼如黑曜石，有黯黯的宝光流溢。

"那么是不是呢？"我问。那邪狎的一晚，她看到了么？看到多少？是否像我看到她那样，内心有过一阵昏沉的抽痛？我好想知道。

却见她嘴角一扬，似笑非笑，望着我道："是不是呢？你说。"

晦暗的夜已过去大半。微凉潮湿的风中，她将身一旋，半干的长发即刻慢镜般飞扬开来，仿佛天罗地网，向我兜头扑下。我无路可逃。我逃不掉了。可是，我真的想逃吗？郑红衣当然不是个女人，但她这样会把玩一个男人的心，那么，她又毫无疑问是个女人了。

这时她掠一掠耳畔的发，嗔道："下过雨，头发算是白洗了，根本风不干，"忽地眼波一横，向我道，"叶暗，你乱我心智，令到我连一场雨都算不出。"

呵，谁人敌得过，妖的手段？

明知是手段，我却禁不住心头一阵天塌地陷，伸手拽她入怀，将她狠狠压向我怀中，她柔软的双乳与乳间坚硬的红宝石璎珞一齐嵌进来，嵌得我痛。但我渴望这痛。痛能令欲念暂歇片刻。我已行将焚毁，务须她冰静的肌肤熨上我的灼热，我才始觉天地一宽。

自今以往，我的欲望有一个名字，叫做郑红衣。

"叶暗，你来，"那一日在酒坊，重九向我招手。我跟过去，他白色袍角在楼梯间一闪，引魂幡似的，引我趋前。谁想得到柴堆后竟隐着一道极陡的石阶，曲曲折折向地底探去，一路上湿气渐重，石壁上有水珠渗出。重九也不说话，默默晃亮一个火折走在我身前，他金红的影子跃动如魔。

壁与壁之间不断反射回荡着我跟他、追索与引领的脚步。

就这样寂寂地，也不知走了多久，忽见一道黄铜大门矗在眼前。其门金蓝怒彩，镂刻朴拙兽形，极之奢华，不怒自威。重九自腰间摸出锁匙开门。我从旁注视他苍白的脸，他到底洞悉多少秘密？

门后乃是一座森然地宫，三面环水，正东为整面石壁，其上影影绰绰有细密的刻字，光线昏暗，看不真切。我们显然已在海平面之下，全仗北面石墙阻隔海水，巴掌宽的石隙间，但见云垂海立，海水一波一浪自其间不断涌入，又自地底流去。

重九将手中火折晃向东面石壁，我才于一瞬间看清那些影影绰绰的，竟都是人的名字。生铁般青而冷的石壁上，字迹俱为阳刻,浮凸而出,碑铭也似。

"方寸迄今已酿尽两千一百八十九名尘世女子的眼泪,这里是她们的名字,"重九低声道。他趋前,将壁前上百枝白色蜡烛一一燃亮。火光摇曳开来,波纹般逐寸映上石壁,她们的名字就此暖和过来,生动了,复活了。恍惚间,我似听见女子喁喁私语之声,后又醒觉那不过是海上吹来的风。

方寸之国以尘世女子眼泪酿酒已逾千年,一旦中选,那女子便尤其容易动情落泪,少则数月,多则一年,便即泪竭而死。来此数百日,我纵饮方寸之酒,酒的甘香令人忘我,但喉头的辛辣曾提示我意思:痛饮狂歌的背后是一个伤心欲绝的女人。她就要死了,而她自己还不知道,还在那里怯怯地哭。

我仰头,见那两千多女子的浩瀚名录,由天至地铺陈而下,忽生悲壮之感。这满壁细细密密皆是女子的性命,累世累代,生生不息的情劫呵。曹公雪芹所谓"万艳同悲",竟是真的,竟在这里。一时间,我似贾宝玉来至太虚幻境,抽览薄命司卷册,心头忽起一阵酸楚,却欠缺足够的智慧去破解它。

我只知,这里,竟是一座祭祠。

"这些名字,都是你镌在这里的么?"我已被彻底震住。

重九却冷笑道,"我哪会知道这么多。每酿尽一位女子的眼泪,石壁上会自动浮出她们的名字。刚开始总是模模糊糊,越到后来越是真切,及至这女子泪竭而亡,名字便即清晰如刻,并随之隐现下一个名字,如是循环往复。六百年间我几乎每日来此查看,所以知道。"

说罢,他将火折移至名单最末一行,引我去看。

只见,那如星芒般闪烁不定却又已然能辨出笔画的字迹,赫然竟是,花明。

在方寸,欢愉与痛楚彼此违背。

但彼此勾连。勾连得很深。几乎,就像是罪恶一样。

当然有过不置信的时刻。

我一遍遍核对"花明"二字之后以极细笔触浮出的生辰八字和籍贯。无误,是她。十余年了,记忆清晰如刻,竟比往昔更甚。此刻,地宫中回荡着咸腥的海风,都是花明泪水的味道。她为谁哭泣?

白烛光芒摇动,蜡泪流至一半便即凝住,如霜似雪,微黄火光也不能令它化开。我惶惑极了,求助般望向重九。

他一再审视那名字,宽慰我:"依我的经验,这女子还活着,死期尚在一月之后。"地宫中一片死寂。没有用了。就算花明此刻还活着,但她必死无疑,死期就在一月之后。无论我知不知道,竟已没有用了。我深吸一口气,强自压抑,但没用,眼泪已不容分说地落下来。

昔君视我，如掌中珠。何意一朝，弃我沟渠。昔君与我，如影如形。何意一去，心如流星。昔君与我，两心相结。何意今日，忽然两绝。

电光石火间，我记起花明的眼睛，长长的双眼皮，瞳仁很大，泛着金棕色，像小鹿。十五年前我与她私奔——呵呵多可笑，我是个穷光蛋，竟拐带她私奔——买好去南洋的机票，我的账户只余九十八元，那还是因为ATM机无法提供一百元以下的纸币，勉强留下。现在看来完全是异想天开，但那时我却很当真。办妥登机手续，她去洗手间，我去机场外抽烟。一支烟快吸完时，转头恰见远处她正由她的家人拥上一辆黑色商务车。我追过去，她向我摆手，流着泪叫我的名字，说对不起。我的名字却是哑的，被消了音。记忆出现断片，呵，我叫什么名字？我不独失去了花明，我穷极无聊的人生到后来，竟连自己的名字也失去了。黑车绝尘而去，我的生活忽尔化作一片无涯海，她似一叶轻舟荡远再荡远。上车时她并无反抗，呵，不过一支烟的时间，她已被说服。山盟海誓多么虚妄。忽然我指尖一痛，低头看时，却是烟头燃尽烧了手。我狠狠掷它在地上，心一横，孤身登上去南洋的航班。那是我最后一次见到花明。呵，倘若那一日我不抽那支烟，故事的讲法可会两样？事后，花明很快嫁入豪门。报纸上登出整个版面，眼角眉梢，她并不是不快乐的。今年她三十五岁，是两个男孩的母亲了。她为谁哭泣？

"初来方寸,你每醉酒,都唤花明的名字。你把自己叫做叶暗,所以我想,她应是你的爱人,"重九道,声音鲜有波澜,他的冷静真正安慰到我。

"还有办法可想吗?"我暂止流泪,低声问他。

重九沉吟半晌,道:"我没有遇过这样的事。但很久以前我听说,如果有人夺回自己的名字,大悲海便会倒转,方寸中每一条淌满金酒的河川都会干涸。"

"夺回名字的人,会怎样?是否能够回到尘世?"

重九摇一摇头,不知是表示不会,还是表示他不知道。

但,不管会或不会,我的办法也只有它了。

在方寸那缜密的、无出路的、不可攻破的逻辑中,这是唯一可能的变数。

绝境中的人,哪有什么办法可想?不过是孤注一掷罢了。

那日十月初一,大潮。

大悲海中浪击长空,惊涛拍岸,而红衣盘踞于海中嶙峋怪岩之上,昂首独对惊涛骇浪而岿然不动,状如坐禅。她细意吐纳那枚幽蓝灵珠,炼字为丹,徐徐化解五内无明之火。吐纳间,灵珠光晕明灭,与新月柔光辉映。千万亿"字"萦绕着红衣,仿佛回风舞雪,又似星河在天,繁华得令人心惊,惊到心头一空——繁华之中原是有此等空寂。

我屏息等待，生怕一口气吹散了那些"字"。呵，千万留神，我的名字也在其中。

吐纳罢，红衣飞身而下，徐徐扑落我的怀中。

"尘世人的名字有那么好？"我环住她柔软的腰肢，蛇的腰肢。她盈满我的怀抱，似圆月盈满山间的空谷。一丝愧意在我心头如电光一闪，我更紧地抱住她。

"不都好，也有俗得呛鼻的，也有酸得涩口的，我都不要。我只要我喜欢的，一遇到就占为己有，"红衣笑时竟有孩童的任性妄为和天真，"眼看我这颗清凉珠已经越修越好了。"

"已经修得那么好了，不如，就把我的名字还给我？"

"不还，"她笑嘻嘻，见我面颊上有剃须时刮破的小小伤口，便轻吐蛇信，替我舔去了。

"还给我会怎样？"我不达目的不罢休。

"我不知道。上千年来，从来没有归还过呢，"她忽而凝眉，似思忖什么。

"那么至少让我看一看？"

红衣沉吟片刻，道，"真的就看一看？"我明白她不忍心拂我的意。

"就看一看，"我保证，并且直视她的双眼，附上满脸十二万分忠厚诚恳。我知她会信我，因为她愿意信我。在这一点上，妖并不比人高明。我四十余年情海翻波的聪明，也能和她数千岁渡尽劫波的智慧斗上一斗，无非因为我知道，她中意我。她已先输了一阵，败局已定，青山遮不住，毕竟东流去，挽不回了。

她扑哧一下笑出声来，道："有条件哦。"

"尽管说。"

"你娶我。"

婚姻不过是一个契约。

是双方各自让渡一些权利跟自由，去换取一点对方的义务跟责任，如是而已。

十五年前，花明彻底地败坏了我对于盟誓的胃口。对婚姻，我的兴致很低以至于没有。但我今次，为了她早已与我无涉的性命，竟要在她经验之外的时空中、在她经验之外的契机下，结婚了。对象，是一条蛇。

情爱之成败盈亏多么可厌。

输者，将会一再地输下去，永无赢面，永无翻盘的可能。除非，肯于忘情。

我们的喜宴设在大悲海畔卧云楼头。

卧云楼共有危危七层，翼然立于海波之上，最宜听涛。那一夜恰值十五，圆月高悬，亮得不近人情，静静泻下一天一海细银如雪。楼头飞檐如钩，将那明月钩近一些，再近一些。

被拘入方寸的尘世人大半记恨红衣，不肯赴宴，甚至，他们得知婚讯后，也渐渐疏远了我。当夜，赴宴的尘世人屈指可数，也都不过略坐一坐，便即起身告辞。上百年在妖界的偷生，似乎从不磨损他们为人的自傲跟尊严。而我，在他们眼中无疑是悖德者、叛逃者、投机者和色情狂。但，我想起花明，地宫那生铁般的石壁上日益清晰的她的名字，她白鸽般的双乳，她小鹿般的圆眼睛。她为谁哭泣？是否为我？其他的，都已不重要了。

只有重九留到最后，临别，海风中，他深深看我一眼，轻声问："准备好了？"

今夜之前，我曾与重九反复推敲行动的细节。我知他问的不仅仅是关于夺回名字这件事本身，还有，它的后果——大悲海倒转，方寸中每一条淌满金酒的河川都枯竭。一切都只是传说和推论，因为它从来没有发生过。可以肯定的只有一点：这势必不是一件简单的事。方寸经此一劫，我将再无面目与红衣相对，还有，此刻欢天喜地纵饮狂歌的方寸族人。他们的快乐几近癫狂，他们的报复，只会较之更甚。

我也曾独自谋算，彻夜不眠，我想，做成这件事之后，我应该会死掉的。至于红衣，她将势必不会再把她白瓷般的乳房和红宝石璎珞贴上我滚烫的胸膛了。每念及此，我都很怅然，竟比想到死还要怅然。这个后果还没有发生，却每每令我心头一空。于是当我抱着她的时候，我都抱得更紧一些。

关于爱和欲望，我们知道多少？

喜宴过后，惟余我同红衣独对。

满楼红烛隐隐，摇曳着映上大红帐幔，红色叠加红色，那样不加节制的森然的红，几乎，超出语汇。远远地，我是说很远，在和缓的风浪间有成群的方寸族人麇集，他们为这个婚宴辛苦了好多天，此刻，已在云中睡倒。

浪潮不断拍上迂回的海岸，低沉地轰鸣着，袭来又复退去。

红衣忽举杯，将那只玲珑白玉盏往我杯上一碰，铮琮之声十分悦耳。她仰脖一饮而尽，凝视我片刻，道："我曾以为是欲望，原来是，我爱你。"

闻言，我险些落下泪来，握住她的手，竟无言以对。关于爱和欲望，我们知道多少？

陡然，我的手被她攥紧，攥得我痛。只见她脸色大变，雪白面孔上一道紫气时隐时现。红衣一声惊呼，滚倒在地，蛇尾不断甩动翻腾。酒器、果子和桂花洒了一地。红裙下，她的蟒身急速颤动，半柱香的工夫，方才渐渐平息。我将她抱起放于榻上，不知为何突然显得过长的裙下，忽露出一双白如新笋的小脚。

我讶异至极，不置信地一点点掀起那裙来看：足趾、足弓、足踝、小腿，全都细洁、巧倩而颀长。浓艳的红色灯影中，这崭新的女体真令人惊。我呼吸几乎骤止。这崭新不是婴儿的崭新，而是一出世就告完成，一出世就诱惑，一出世就美。我还欲再看，红衣却蜷起身来，摁住裙的下摆，咬唇笑道："不给看"，但片刻后又似自己也不相信，反复以手抚触自己的膝盖和小腿，欢叫道："叶暗，我修成了。我竟修成了，人的身体。"

西周时，灵蛇红衣修行于凤凰木下。凤凰木常开艳丽红花，空山无人，风吹时花朵摇落如雨。千年间，红花开且复落，红衣本是一条白蛇，久而久之，竟被花泥染作血红。西晋初年，红衣值修得人身之关隘剧遭雷劫，灵台蒙蔽，避祸方寸，受无明之火煎熬，遂以人名炼丹，化解内毒，如此半人半蛇，又过千年。直到……

直到这一天，爱欲充盈，从内部填充她为一个人。

以智慧无法修成的，她终于，以爱欲修成了。

金鼎中燃着龙涎香，轻烟自兽头荡出，袅袅的，芳魂一缕。

月色清凉如银，自外映上层层红幔。不动声色间，素的光，忽尔艳了；贞静的，忽尔动情。是这样魅艳的夜呢。

蜡照半笼金翡翠，麝熏微度绣芙蓉。

洞房花烛夜，旖旎缠绵原是题中之义，而红衣新得的人身，令这一夜只有更香艳。她和我，对这具身体，都有无尽欢喜、无尽好奇以及无尽探问。而她一刻也没有令我忘记，她原是一条蛇——伊甸园中，性的启蒙者。世上哪个男人敌得过一条蛇的缠绵？

那一夜，我神魂颠倒。我沦陷，我降服，我一再地崩塌于欲望陡峭的顶峰。在意志软弱到极限的时刻我终于承认：肉身怎么可能被精神超越？我们除了肉身，原是什么也没有。精神不过是肉体的影子。肉身不存，魂将焉附？膜拜爱欲，不也一样修成正果？

呵，我已修成正果。

五更天，我醒来。

圆月隐去，东方微微放亮。

红烛快将燃尽，蜡泪漫在黄铜烛台边，淋漓而下，垂而未落，险险地，竟也凝住了，似泣血。见之，我忽记起地宫石壁前那如霜似雪的白烛，烛火中，一壁摇摇的，尽是尘世女子的性命。而花明命在旦夕，我的心一阵隐秘的揪痛，不能再等了。

我看向红衣。她阖着眼，仍在睡。眉目银钩铁划，斜飞入鬓。她的长发殷殷缠在我的胸口，她的腿柔柔攀在我的腰际。呵，我没有遇过比她更妩媚的女人，而她是我的妻子。除了她，我不曾有过其他妻子。此后，也不会再有了。

"记得吗？我与你，有一个约定，"红衣醒来时，我这样对她说。

红纱灯笼因风摇动,最后一点烛火,"噗"的一响,叹息般,燃尽了。

红衣看着我,嘴角似笑非笑,眼神中并无半点惺忪睡意。

她看向我幽暗的灵魂。有一瞬间,我几乎以为她就要把我看穿了。我几乎以为,她就要破了这个似是而非的情局,洞悉我险恶的祸心、我卑微的私情、我视爱高于欲的无聊偏见。我几乎以为,她都知晓了。但我尽全力顶住,沉着地回视过去,她的双眼多么疯狂,像野玫瑰开在危危断崖之上。

这样,郑红衣便开始了那命定的吐露。

她轻启双唇,唤出我的本名。

唤声如珠玉崩落银盘,一粒一粒,脆而慢。那三个字逐一自她唇齿间幽幽浮出,星子般,明明灭灭:沈,是沈腰潘鬓销磨的沈;初,是骤雨初歇的初;时,是时有幽花一树明的时。全都方方正正,全都是四平八稳的左右结构。它们无依地荡在空中,似白鸟浮于天地,银鱼游于海渊。尘世与我的关联全从这名字当中来了。其间多少场憔悴,多少回秋凉,多少番人间花树朗朗青空,全都明了,全都清楚。

沈。初。时。银色中有淡淡幽蓝。魅魅的诱惑之光。

我心胸一热,是它们。

我四十余年的尘世生涯中，被唤过何止万次的名字，是它们。

飞快地，我自枕间抽出一张金网，甩出去，网罗之，捕获之。三字在网中彼此碰撞，叮铃之声不绝于耳。《圣经》里形容一句话讲得动人，说那就像金苹果落进银网，势必也有此叮咚之声的。而这张网，罗帕大小，是我事先以光线织就。还记得吗？红衣第一次来找我，曾以蛇信勾取一束光线。而我，是第一个能拿起光线的尘世人。今天的事，从那一天便注定了。

我们无法违背宿命。

见我夺字，红衣一惊，即刻伸手来抢。

我早已将身一滚，立在地上，而她追来，刚下床便扑跌在地。呵，她还不能自如地，使用她的双腿。

一轮红日正自天边升起，恍惚间海波如沸，很静，却隐着浪涛，有轰轰烈烈的事将要发生。整座卧云楼已被不容分说地照亮，呵，逃不掉了。廊间，檐下，尽是长长薄薄的金色光影，尘埃浮在光柱里，也似金沙漫漫，一天一地泻下。

我将那三枚银字托于掌中，药丸般，往口中送去。红衣伏在地上，一时无法起身，只抬头看着我，眼神里负着痛。我已噙了那三字在口，口中一阵虚凉，似有水银弥漫。红衣闭上眼。野玫瑰凋落。断崖崩毁。玉树琼枝作烟萝。她闭着眼,轻而坚定地摇头,她甚至来不及说"不要"。

我已吞咽了。

汝窑月白釉圆洗其左,哥窑金丝铁线纹胆瓶其右,我居其中。

身周尽是极细极细的粉尘,扬扬洒洒,起起伏伏,渐渐沉落在我脚下。一室都是瑰丽酒香,其后数月,犹自绕梁不绝。懵懂间,我认出我的黄花梨四出头官帽椅,椅中秋香色云锦袱,烟青色蜀锦腰枕。我的前尘,从认出某个物件开始,一一回魂。

我回到尘世。我竟回到尘世。

那么方寸?我俯身拈起一撮粉尘,在指尖轻轻捻动一回,是青瓷粉不会错。我心头一凛,收藏界视为秘宝的方寸之壶已然挫骨扬灰,而方寸之国就此魂飞魄散、荡然无存。这一室酒香便是证据。

我错了。原以为死的那个会是我。

"你是第一个能拿起光线的尘世人。"
"其中有何缘故?"
"也许,你跟方寸有特别的因缘吧。"

原来,我与方寸的因缘,竟是毁掉它的因缘。何其讽刺。

我抬头望向密室窗外，青空一碧如洗，高树枝头伶仃挂着两枚红柿。

尘世的深秋，北京城的深秋，我已惯看了的沈初时的深秋。日色如钻，自枯枝间硬而烈地刺下，我双眼生疼，忽然地，流下泪来，"红衣"，我喃喃念着她的名字。

爱一个人，对于方寸的镇国兽郑红衣来说，是一场豪奢的赌局。

何况这赌局是不义的——她赔上的，岂止她一时情动、全副性命，还有合族存亡、一国劫毁。郑红衣赌不起，但竟也落了重注。你看，宿命那草蛇灰线、伏脉千里的书写，强大如红衣，一样无从预先知晓。

而她自以为是的对手，以情爱为饵，设下这样隆重、惨烈、狠辣的局。一切都已迟了。我们已被命运捕获。

情途危危，我鲁莽涉险，而她孟浪交付。

野玫瑰凋落。断崖崩毁。对于红衣，爱就是死，是湮灭，是倾国倾城彻底的葬送。

故事多么简单，一句话便可讲完。

在方寸，我饮酒寻欢，堪堪历尽一春一夏一秋，后来，我无意间毁了它。

四十余年的生涯中，我遇过不少奇事。

唯独这一件，最虚妄。

关于红衣。我只肯在梦里想起她。还有，如果很偶然地，当我清晨起身，剃须时不留神刮破了脸，在那芒刺般细微的疼痛中，我才会纵容自己想起红衣。我想起她自身后环住我，身体却好顺忍地探过来，探过来，灵巧而缠绵地，以分叉的舌尖将那一点血污舔净。伤口即刻消失，唇畔惟余一丝凉意。非常，像是一个吻。你看，我对她的记忆全然属于肉体，不属灵，不属于我清醒的神志。

我是否爱她？沈初时是否爱郑红衣？非常难解。像生命中黑暗与光明的时刻一样难解。

但我的怀抱终生空茫。

事情过去几年后，有一天，我见到花明。

那是在一条窄小嘈杂的长街。公交车、私家车、脚踏车和人群的流动当中，尾气和大排档烧烤的气息里，我看见她，一眼就认出了她。公交站台上，她瘦得像个孩子，从密密实实的人群里踮起脚张望车来的方向，侧脸向着我，恰能见到她左脸的淤青。早前我已风闻，她的丈夫数年前已破产，一蹶不振，很不如意时会动手打她。她为谁哭泣？

很快，来车了，花明右手排开众人，左手护拥着一名背书包的幼童，奋力推挤而上，终于，车门恰在她鞋跟处碰合。那车沉郁地叹一口气，十分哀怨地超重前行了。一瞥之间，我已认出那是一双Ferragamo，如果不是因为过分脏旧，应是花明最爱的玫红色，鞋跟部位已然绽线变形。她过去豪华生活的线索，非常模糊。

这个憔悴、萎顿并且被丈夫殴打的女人，曾有一个国度因她崩毁，而她什么也不知道。

命运就是如此悍暴而绝妙。
而我们，微如尘埃的我们，什么也不知道。

2014年11月25日

天上大风之日：写在《方寸》之后

日子在我写作《九幽》的故事中缓慢而匀速地过去。

每写成一则，便是一年。久而久之，九幽的书写成为我每一年的标志性事件。

它们大多完成于秋天。

春夏两季阳气升腾，感官舒张，人们忙于感受和品尝，一切都是直观的，无须反思的。而人总是在秋天对时间和经验进行自省和提纯，欲望退潮，金风一凛间，理智再度主政。

秋天不是季节，它是过程：一个念头牵动，一点元气回落到胸腔，一只鸟，慢慢敛拢它的翅膀。

狂飙的飞行暂时结束，是时候静下来讲一个故事了。

九幽的第七则关于欲望。

我在柬埔寨南部一家酒店的私家海滩上写完它的开头。尘世男子沈初时就此踏上异界。

接下来，无论情节如何铺陈，沈初时都将遇到郑红衣，而他与她的关系，无论如何施以定义，都将在余生纠缠他。因为，这是他的宿命。想到这里，我便从iPad上抬起头来，内心笃定得很。笃定到，我竟然，深深叹了一口气。

三维空间中的写作者，毋宁说是二维空间中沈初时郑红衣们的神。

然而，谁又能说你我生而为人的命运不是被更高维度的某位，如此肆意地拨弄？

展目望去，沙滩白而细腻，一足踏落，细沙会得迅速漫过趾缝。椰子树投下小而明确的黑影，浪潮无休无止，无休无止。

我忽然想到我们对于爱和欲望知道得那么少。——少到我们可以指着一个人说，对甲是欲望，又指着另一个人说，对乙是爱情。但其实怎么分得清呢？灵与肉的交锋如此难解，正如昼与夜更迭的时分光与暗的交锋那么难解。

粗暴而判然的厘清，口头说得再高声，你的心也未必听到、未必惊动、未必相信。而所有我们以为可以厘清的那些，实则全都虚妄、全都混沌、全都纠缠。

但，就算这样也不坏。

尼采毁弃彼岸世界，认为我们除了肉身，此外无有。

在这个意义上，爱并不比情欲高明。

岂止如此。在这个意义上，爱是生生不息的形而上幻觉，远不如情欲那灼灼体热的迫近来得真切。

爱属于弱者，而情欲，属于强大的人。直承情欲者，是自己身体的王。

写这则文字的时候，北京城已是冬夜。

天上大风起落。呼啸而来，吟哦而去。浩荡有时，尖锐有时。

我于暖气前独坐，忽听那风将身一拧，攀着杨树枝干盘旋而上，忽又自林梢掠过，排山倒海般掀起一阵狂浪的惊涛。

对面高楼的灯火，竟自闪烁不休。细看时，却是窗前枯枝因风摆动，树木掩映间，灯光即如萤火明灭。

帝都生涯，常多奇诡，居此十余年，我已惯了。

凡此种种，以肉身承受，以肉身抵挡，甚或以肉身进行不思之思，也已惯了。

我们除了肉身，此外无有。

尼采又宣导永恒轮回，认为我们除了当下，此外无有。

发生过的，还将发生。这一刹的决定，将是累世累代的决定。

在九幽的第七个故事里，郑红衣人面蛇身，像女娲，但比女娲要艳。她千年存活，千年修行，却是个玩世不恭自行其是的妖。要不要爱上一个人，是她的抉择。这个决定，虽然事关重大，但由她做出来，却也只是无风无浪的日常。

虽然，她是一只妖，而且非常美丽。

这个故事，我曾讲给几个朋友听。

在咖啡馆，餐厅，酒吧，佐以鲜椰蓉千层蛋糕，蘑菇意大利面，或是比利时粉红象啤酒。

每讲一次，这个故事就完善一点，立体一点。所以我有时会错觉，我是用舌头思考的。而且，因为思考的时候吃香喝辣，这个故事也就不可避免地涉及欲望，和欲望的餍足。

十月，我在吴哥窟。

吴哥建筑不高，神像也都雕得很是平易，容人近身平视、细看乃至抚触。

这样不计其数的神像看下来，最令我心魂一荡的，是圣剑寺中一位女神：金灿灿日色中，她右手握住长发，头微偏向右，浅浅笑着，以左手梳起头来。她胸前的璎珞皆已模糊，足环倒还清晰，石壁上，千年万年受人膜拜，而她不以为意，径自梳头而已。

这是何等流光溢彩的微妙时刻。一个神，在神坛上，却做着这样妩媚日常的事。

我把她变了变形，写进了我的小说，就是郑红衣。

2014 年 11 月 30 日

焚舟

题记：当我们逃避命运，也许，是在更为深刻地，向着命运迎去。

下山的时候落了雪。

那场雪下得一点声息也无，雪片极大，阴谋般密密降下。

没有风，黄昏的橙色微光里，每一片雪都仿佛承载了整个世界的寂静。

山深林白，天地间行来一人，一袭灰色僧袍轻轻扬起，踏山道如踏白练，步履轻浅。那人忽于雪中站定，仰头看了看天色，僧帽下的脸小而洁白，一双眼睛如黑曜石有光，"必须在天黑前赶到山下"，红衣想，一面暗暗加快脚步。

红衣乃一女尼，俗姓郑，九年前于慈月庵剃度出家。

慈月庵建于明正德年间，乃某亲王家庙，固然算不得名山古刹，但因地处幽僻，其中林泉松烟，尽皆空翠疏朗，倒还有些禅机,数百年间,也曾出过几位得道女尼。红衣此番冒雪下山,乃是因了一桩异事——昨夜,庵中住持法号静空者密召红衣入内室,郑重向她道:"红衣我徒,你命中情劫将至,有性命之虞,不可不避,应速下山,九日后方可归来。渡此劫波,则天高海阔;如若不然,必定挫骨扬灰。切记。切记。"

大雪茫茫,红衣低眉垂首疾疾行。道旁忽现异响,林间一鸟振翅飞起,凌空破雪而去。红衣惊回首,惟见那鸟尾羽斑斓,灿如翡翠,袅若流霞,眨眼间隐入漫天乱雪当中,倏忽不见。

也正是在那雪隐翠羽的一刻,山顶慈月庵中,静空师太圆寂,得年六十七岁。

山脚客栈此际十分热闹。

行路之人皆为大雪所阻,纷纷落脚,聚在厅堂中吃酒暖身。

红衣来至廊下,抖落一身软雪,棉袍肩颈部位已然半湿。店伴早已在内见了,殷殷迎出,道:"师太怎的这大雪天下山?今日客多,单剩一间房,在三层,我这就差人给您收拾出来,您先去火边烤烤衣裳,房间说话就好。还是照旧来碗素面?"红衣微笑着点点头,走去壁炉边坐下,长舒一口气。

很快素面上桌,一口热汤落肚,肺腑方苏,红衣此刻才觉棉鞋也已湿透,她只盼快些进房泡个热水脚。

正伏案吃面,忽听背后有人叫她,"郑——红——衣——",一字一顿,尾音刻意拖长,恶作剧似的,且带七八分醉意。陡闻之,红衣头皮一凛,一脊寒毛都竖起来。她霍然立起,僵硬地回转身向那声音看过去。摇摇火光恰映上那人白得发青的面孔,竟然,真是叶暗。

"你剃个光头我也认得你。郑红衣,你化成灰我都认得你,"叶暗咬牙笑道,一嘴都是腌臜酒气。他的面孔上有火之暗影不住跃动,那笑容因之扭曲,狰狞如妖。

红衣双手合十,向叶暗微施一礼,道:"施主,你认错人了。"

说罢她转身上楼,双腿在僧袍下兀自打颤,全然不受控制,她不得已攀住了楼梯扶手。直至走上客栈三层,她绷紧的双肩才稍见松弛。楼下远远传来说笑划拳之声,事不关己的喧嚣中,郑红衣蓦地想起很多年前那个红烛摇荡的夜晚:红盖头掀起,盖头四角所系金环铃铃作响,金流苏耳铛轻晃,她,十七岁的新妇,生涩而眩惑地,抬起双眼望向即将带给她无尽苦难的男人。

是的,出家之前,郑红衣曾是叶暗的妻。

叶暗是那个小镇唯一留过洋的人,跟红衣拜堂时,他甚至坚持穿了西装。

不久，叶家老太爷去世，叶暗终于如愿涉足实业，为此卖掉大半祖产。然而到底是个二世祖，根本不识星戥、不知轻重，又且异常自负，让一干江湖掮客半诓半骗，终至千金散尽，工厂没了下文。他受了重创，却又不像一般寒门子弟能够放低身段从头再来，他惟有选择更便捷的道路——他赌，赌很大。当然也赢过（怎么可能不让他赢？），带着一整箱金条耀武扬威地回府，但很快就开始输，输房输地，兵败如山倒。这样的不如意，自然也就开始酗起酒来。

终于有一天，他动手打她。

在输得清光之后，打她，几乎成为叶暗唯一的游戏，唯一的嗜好，唯一的振奋。有时他坐在房间一角注视她。单单他的目光也令红衣畏缩。那其中包藏一种审慎的思量，无声的谋划：下一回凌虐该从何处着手？又且如何起承转合？神色狱，目光的凌迟。红衣为之战栗又战栗。

事情多半发生在深夜，多半是用皮带，长期浸油的皮带鞭在肌肤上有极为响亮的噼啪声，却只留紫红淤痕，不易出血，方便掩人耳目，虽然痛也是一样痛的。有时也用麻绳，叶暗激赏麻绳在皮肤上留下发丝般细幼的血迹，这令他十分亢奋。很偶尔也用烙铁，如果他那天懒于动手。每每事毕，叶暗力竭，如欢爱后满足地低吟一声，倒卧在红衣身畔。那个时候，他跟她，完完全全，是两具尸。

如是三年，在失去两个胎儿之后，在第三十九次抑制住勒杀叶暗的冲动之后，郑红衣终于提出离婚。

店伴已将门牌锁匙送上，红衣垂首看时：西首倒数第二间。

见之，她心中"咯噔"一下，似有石子坠入深潭，也许预兆不祥，也许什么都不预兆。于是，进房前她不由得向隔壁房间瞥一眼，果然，门口挂着木牌上书"勿扰"，但她知道，其实房内并没有住人。

红衣与同门每每下山化缘或做法事，若赶不及回庵，便会在这间客栈暂歇一夜。十年间入住数十次，渐渐也听晓一些传言，知道该客栈有个房间永不许人入住。正是三层西首尽头这一间。

这时山间开始起风，呼啸着自林间披荆斩棘而下，风声自窗缝渗入，一线一线，极之幽咽，像人在哭。红衣心头一寒，今夜所历太多，心魔渐起，她不由得轻诵佛号，眼观鼻，鼻观心，定一定神，用锁匙开门。眼角余光却见隔壁房间隐隐发着红光，扭头细观，却是火。是的，那个房间竟窜出火来！火舌不断自门缝舔出，十分嚣烈，烧得整扇门噼啪作响，热力灼灼，直迫上红衣面门。

她一惊，回头恰见一人正上楼，急忙奔去一把扯住，慌道："走水了，快来！"

那人却是与她相熟那名店伴,闻言也是一吓,"哪里?"两人迅速奔回西首,却哪里有火?西首尽头一片死寂。没有火。什么也没有。

见状,店伴摊手,咋舌道:"师太,出家人不打诳语,你怎的哄我这老头子玩儿?"

红衣一时哑然,无言以对。

那店伴见她沉默,倒反过来宽慰她:"师太无须介怀,小店向来风平浪静,即或有些古怪,师太是有道的,自然百邪不侵,不用怕。"

"是吗?"红衣默默转头,再次看向那个房间。她不是不信对方,她只是,不甚相信她自己了。今夜自见叶暗,心魔复起,定力几乎难持,她疑心自己数年修行已在一夕间化为乌有。

那店伴压低声音,轻道:"二十年前,敝店刚开张的时候,这个房间是出过一些问题。住这间房的客人,都会消失不见。行李财物俱在,肯定不是谋财。官府断不了案,只能以失踪人口定论。不过,这些年不住人也就没事了。不瞒您说,我年轻时也曾在这个房间的地板上见到焦糊的人形,再看时却已没了,呵呵,只能认为是自己眼花。见怪不怪,其怪自败。天儿冷,师太且早些安寝吧。"

其时风雪愈烈。

红衣入房，锁了门，走去窗前站定。雪片正如飞蛾般扑上玻璃。她蹙眉看一阵，忽地推开窗，一阵雪风猛然灌入，激得她后退半步。而她再度趋前，探头向夜空张望。深不可测的黑暗中，万千雪片正密密飘坠，坠得一天都是闪闪乱银。奢华如水晶灯照耀的舞会，自天花板洒下的金箔。她伸手承托那雪，真凉。又抓起一把窗台上的雪放入口中，也凉。

凡所有相，皆是虚妄。

莫非，人世间所有无常无定的幻象当中，惟有这场雪是真的吗？

不，就连那不可抗拒的寒意也一样是幻觉。感触都是幻觉。

仍如常做晚课，《礼佛大忏悔文》默诵至第三遍，红衣忽感舌痛，舌下似有异物生出，吐出看时，竟是一把钥匙。纯金打造，上嵌拇指大小绿宝石一枚，灯火摇曳中，绿意盈盈如春水，耀得一案都是宝光流溢。

红衣大奇，暗自思量下山以来接二连三所逢异事，是否正应了师尊所谓"情劫"二字。正忖度间，忽闻屏风后房门轻响。未及出声询问，门已被人打开，客栈厅堂的笑语遥遥荡入，转瞬又即消遁。红衣早自屏风空隙间瞥见来者面目，急拧灭油灯，将那金钥攥在掌中，侧身躲去床后。

房中一时死寂,四下只闻床头座钟嘀嗒嘀嗒地响,一秒又一秒。

来者却很嚣张,自去点灯,又将不知买通何人弄到的房间钥匙"哐啷"一声掷于案上。"躲?你躲得过我?"叶暗拖过椅子在案旁坐下,跷起脚,在皮鞋上擦亮火柴,指尖燃起一朵橙色火,但那火光并不使他苍白的脸稍具血色。片刻后,一屋都是叶暗法国香烟的气味。

烟抽至一半,叶暗似终于失去耐性,揿灭香烟,拿起灯,开始巡视整个房间。

红衣好怕他注意到床后帷幔,那急促的起伏和瑟缩的人形。她又竭力咬紧牙关,若不如此,那两排牙齿会彼此碰撞发出"格格"声。叶暗走近床畔,伸手抚一抚床铺,应是在试探被褥温度。红衣将身体贴紧墙壁,退无可退了。情急中她仍攥着那枚钥匙,几乎攥出血,忽然地,一个念头闪过,她想,如果手里攥着的不是钥匙而是一把刀?

忽听叶暗"噗嗤"一笑:"啊哈,我看到你了,郑红衣。"说着,竟绕过床柱,向床后走来。

完了。红衣缩向墙角,手臂忽触到一物冷硬如铁,细细一摸,应是一只方锁。这里有一扇门!叶暗巨大的阴影已自窄缝间迫近,刀锋一样劈入。不容多想,红衣摸索着,颤颤巍巍地,将手中的黄金钥匙插入锁孔。

那门，竟应手而开。

一步之遥，她已来到"那个房间"。

满室都是烈焰。地板早已坍塌，烧为黑色深渊，渊内有火，一望无尽如海，滚烫如沸。四面八方俱是轰鸣，那是渊底呼呼赫赫的火笑，在深渊中几经激荡发出的啸声。火舌如蛇信般不断卷上。地火中有人面隐现，皆仰头目视红衣，又招手唤她下去。

"啊，"她惊呼，一手掩住胸口，她怕她的心就此跌落。她的心是惊弓之鸟。

叶暗已紧追而至，扣住红衣手腕，显然看见那无尽火渊，洞悉她的穷途末路，于是顺势拽她入怀，"郑红衣，回来。"她抗拒，但因走投无路而显得苍白，仿佛玻璃樽中蝴蝶扑翼。叶暗的目光忽然放软，苍白嘴角浮起薄薄笑容，"我都已改了，红衣，回来。"

红衣于是住了挣扎，注视他的脸，注视他薄薄的笑容。叶暗长着一张斯文人的脸，早年鲜衣怒马的生活还在眉宇间残留些些遗迹，但砒霜盛在银盒子里也是砒霜。红衣一眼瞥见自己手臂上的马蹄形烙痕，那十余年前的旧伤忽然的，灼痛如新。呵，那些朽坏的日子。

凡所有相，皆是虚妄。

此时此刻，唯有选择是真的。

不，也许选择不过是宿命之一种。自由意志也是幻觉。

然而红衣仍然，选择了坠落。

世上有永恒的事物。

即是，除了人和人的认知，以及人微不足道的感情，自有事物不灭地存在。

火，水，土，风，神创世界中必有之物——无论是哪一种神。

渊火的热量是有形的，它自下而上托举着红衣，舒缓她的坠落。衣袂被这热力扬起，袍袖间鼓荡不已，红衣乘风入火，灰色僧袍尽染光焰，其红如血。当她终于涉足火海，烈焰中忽有白莲开放，一朵一朵，承托她赤裸双足，举步生凉。

然后她环顾四周，竟见叶暗浮沉于火海之中，眼神哀哀，正望向她。

噫，他竟随她跃入渊中。

红衣见之不忍，遂俯身拉他。岂料她指尖方一触及，叶暗已自火涛间一跃而起，在半空化为斑斓大虎，驮了她，四足踏莲，步入火之渊底。

到得渊底，红衣回视来时路。

哪有什么火海，不过是夕照如沸；哪有什么莲花，不过是白骨如山。

幻象已被勘破，红衣心中一片空明。

"红衣，此地名为焚舟，你来此间，乃为重遇一位故人，"那虎忽然口吐人言，"我与你前世有些因果，遂在尘世做了三年夫妻，今朝结案，前尘一笔勾销，惟愿一别两宽，各生欢喜。"语罢，那虎将她放在一棵菩提树下，向天长啸一声，凌空一纵，就此不见了。

焚舟，乃是一艘极为阔大的船。

此船大如岛屿，浮荡于般若海上，载着它的，不是水，而是火。

相传盘古开辟鸿蒙之初，曾杀数龟以撑起四维，其中一片龟甲略小，不为所用，弃于洪荒之间。焚舟之地，便由此龟甲所化。

残阳如血。心形的菩提叶片被映作金色，风来，一树辉煌悸动如金山倾颓。

红衣收摄心神，在树下入定。

良久，一阵疾风过耳，吹落菩提果骤雨般坠下，方始惊动她。

举目看时，只见那菩提根茎之间竟嵌有一尊佛头。年深日久，佛头虽为青苔所模糊，但仍可见其面目慈和，含笑低眉。红衣对之顶礼,又伸手拂去它头顶枯叶。顷刻间,藤蔓根茎舒张退后,渐渐自石像上剥离褪尽。凡菩提树冠覆盖之处,地面俱起震动。树间群鸟惊飞,投于林中。

但红衣两日来所历者尽皆奇诡,已不吃惊,只口诵佛号,静静侧立一旁,看那石像缓缓升起,露出全貌。原来是一尊观音,高约丈许,右手持杨枝,左手托净瓶,手势婀娜,衣袂翩然,如随风吹临此境。

一时间,林野奔腾,天空中众鸟如云麇集,鹤唳猿啸,雀噪狼嚎,无数飞禽走兽尽皆来至树下,纷纷拜倒。

其时,黄昏最后一线金光恰从菩提树最西面的枝头跌落。

焚舟之夜,正盛大地来临。

红衣整一整袍袖,重新盘腿坐定,再看时,那一地飞禽走兽已尽化为人。

"红衣大士渡我!红衣大士渡我!"众人山呼,伏地又拜。如是三拜方休。

红衣忙起身施礼,又奇道:"你们怎知我法号?"

"傍晚时分,你自半空下至我界,一袭僧衣如火,岂不正是神谕所指红衣大士?我等在此间受尽苦楚,神谕称,终有一朝,红衣大士会骑虎而来,在菩提树下渡化我等。"

"你等所受是何苦楚?"

"我们生前皆为人,死后不知如何到此幽冥之地,千年万年，不得超脱，也不入轮回。日出之时，我们便化为虫鱼鸟兽。直到日落，才复归人形。一至月影初现，则人人躯体大痛，如遭火焚，通宵达旦如此，苦不堪言。恳请大士相救，"说话者乃近前一位女童，方才总角，难得口齿伶俐如斯。

菩提树以东乃是一片旷野，长草银绿，随风倒伏，夜色愈见深蓝，长空寂然垂落于旷野尽头。草木中渐渐浮起一簇簇流萤般的绿光，忽尔南来，忽尔北往，细看方知那不是萤，而是磷火。古来埋骨地，莫不如是。那应是千万年间误入焚舟的尘世人吧，红衣想。

说话间，天际已有斜月一钩，极低极低地悬于灌木灰白的枯枝之上。

那女童忽倒地，抽搐不已，口中不断发出哀嚎。

红衣知是发作的时刻到了，急揽之入怀，问她何处痛楚。

女童良久无法回应，半晌，方才咬牙断续道，"颈项处，尤其疼痛，如，如有火箍，不断，不断收紧。"红衣托起她下巴看时，只见其颈项间有细细一痕血红，细辨来，赫然竟是一行经文。

那经文形如细链，颈圈般缠勒肌肤，似火焚雪。残月渐渐升至天顶，而那经链则烙得越深，红衣嗅到肉身烧灼的焦臭。女童周身肌肤也渐滚烫，终于不堪抱持，红衣只得将她置于草茵之上。很快，那女童身躯之上便腾起一层火焰，负其疼痛，她不断于地上翻滚，苦不堪言。

再看焚舟余众，亦皆如此。菩提树下，一时间竟如火海一般。

红衣闭目合十，细想那经文，乃出自《地藏菩萨本愿经》："一物一数，作一恒河；一恒河沙，一沙一界"，然而不知为何，女童肌肤上的经文，却误将"恒河"写作"桓河"。

《地藏菩萨本愿经》为僧尼超度亡灵之必诵。同时，为增愿力，亦常由家属手抄经书，每日持诵，为亲人超度。莫非？红衣心头闪过一念。

她起身，逐一检视众人。一老者，不断扳起双足以嘴去吹，口中慌张大喊："烧起来了，烧起来了，"只见他左右足心，各有四字，亦是错经。远处一女子，不断旋转奔逃，趋近看时，见其身畔乃有一条火鞭，不断抽打她的脊背。那条火鞭，亦由一行出了错的经文所化。

红衣逐人检视罢，心中已有计较。

这时东方曙色初动，红日将出，银月欲隐。值此半明半昧时分，焚舟众人方安静下来，刑火熄灭，哀嚎渐止。再看那被鞭打的女子，她瘦得凸起的脊背上伏伏帖帖纵贯一道错经，状如纹身。红衣指着她问身畔一少年道："她身上有字，你可识得？"

岂料，那少年竟十分惶惑，上上下下打量过，摸头道，"哪里有字？大士何苦拿我打趣？"一语未毕他即振翅为燕，啾啾而鸣，向着东方飞去了。

焚舟，位于乐土与炼狱之间，为迷途的亡灵所居。

生者死后，需有经文指引，方能归于正道，或登极乐，或入轮回。

一旦经文不慎出错，亡灵则堕入焚舟。他们被错经所误，魂魄为之羁绊，无以得渡，又无法重返人间。昼为鸟兽，不得人言，夜复人身，为刑火所炼。天长日久，堕入此境者渐多，焚舟遂成一国。

见到那头鹿，是在红衣来到焚舟的第一个清晨。

其时焚舟族众已化为鸟兽，风流云散而去。长夏草木深，蓝而清透的曙光之中，林间雾霭流动，木叶轻摇，也许是风，也许是鸟兽的动静。红衣始觉心神涣散，体力不支，遂缓缓踱入密林，寻得一处溪流，俯身捧起水来啜饮数口。那水十分清冽，饮之略有回甘。

未几，洗沐罢，红衣起身，在猛然站起的微微晕眩中，她惊见一兽，立在约十步开外的荆棘丛后，望着她。惊惶间，她扶住身畔巨石，以袍袖擦去眼睫上的水珠，细看那兽，却是一头雄鹿。鹿角蓬勃地撑开，似堪撑起天地，其形如冬木，凛然而峥嵘，又如珊瑚，极之秀伟。

那鹿见红衣看向它，并不躲开，亦不趋前，只静静站着，与红衣对视。

时有鸟鸣，碎玉般轻唱，又有风动，荡起一层浅浅林涛。

数道细弱光线自林间斜斜穿射，因风摆荡，金色而狡黠的，映上那鹿的额与角、背与臀，映得它通体金红，烈火焚金一般。

红衣看着它，五内之中不知为何忽起无限酸楚惆怅之意，肺腑大热，竟尔流出泪来。她不置信地抚触自己的脸，不错，是眼泪，温热极了地沾湿她的手指。

许是见她流泪，那鹿急趋前数步，忽又踌躇，停在荆棘丛前。

光斑恰于此刻映上它雄伟的头颅，红衣方见它左目已眇，其上蒙着一层白翳，而右眼却在流泪，泪水在金红皮毛上划出一道黑色泪沟。红衣大奇，欲知有何前缘，就此向它迎去，溪水浸湿她的鞋袜，她也浑然未觉。

那鹿却警醒过来，蓦然转身，仰起金枝般的角，飘风也似地，倏忽远去了。

该时刻，东方的旷野上，一轮炫耀已极的红日，终于跳脱而出。

"你的族人当中，是否有一位，在白天化为一头雄鹿？"黄昏时，红衣向女童打探。

女童歪着头想了想，道："有好些个呢，大士说的那头是什么样？"

"通身皮毛金红，一架鹿角高逾三尺，左目蒙有白翳，不能视物。"

女童闻之，悚然一惊，变色道："噫，大士怎会见到它？我来焚舟一千五百年，不过偶然见过它三次。它跟我们是不一样的。"

言及此，女童环顾四周，将声音压得更低，"它来那一日，地动山摇，飓风吹折林木，暴雨如注，整个焚舟颠簸不已，几近倾覆。我亲见山林尽头的绝壁上，眨眼间耸起一座城堡。那城全为铁铸，高十丈，鸟飞不过，无人得入。擅闯者皆跌入护城河中，那河乃是沸腾铁水，我等亡灵，沾之即化作青烟。那鹿几乎从不出堡，亦不与我们交道。但是，有族人曾在夜里听见城堡中传出哀嚎，全然不是人声，仿佛千狮百虎齐吼，惨烈之至，十分瘆人。我们等闲都不靠近那里。"

红衣听了，竟觉心中一恸。

这时焚舟族众已渐聚拢，默默无言，连一声咳嗽也不闻，眼中却俱是询问冀盼之意，殷殷地，望向她。

昼的余温还在，而夜的阴影正从天边飞快地袭来。

红衣心中忽起无限慈悲：因诵经者或抄经者的无心之失，致亡灵堕入万劫不复之境，若非亲见，红衣绝难信以为真。然而，音声文字，皆有无上愿力，一音之误，一笔之失，即成符咒。是以僧众信徒务须谨言慎书，方可行超度之事。

但天机岂容道破？红衣徐徐环视焚舟之人，只轻声问道："此间可有笔墨么？"

自那一夜起，红衣开始默写经文。

《地藏经》、《往生咒》、《药师咒》等，逐一在心中反复揣想，继而以端严字体默出，又再逐字审阅，务必做到万无一失。

之后，她开始弘法。每日黄昏，红衣于菩提树下升坛讲经，教焚舟族众记诵经文。每临刑火加身、五内俱焚之际，焚舟之人随红衣口诵经文，久之，竟能令痛楚稍减。

至于那头雄鹿，红衣再也没有见过它。

某夜，月明如雪。

红衣穿密林，至绝壁，眼见黑铁城堡危危矗立于八风当中。圆月其上，似被那堡垒魔力牵制，几乎跌坠，显得尤其巨大。然而月之光辉没有作用，不照耀，也不反射，光明只是，被那铜墙铁壁彻底地吸收了。

闷雷般低沉痛楚的哀嚎，不断地，如乌云滚动在堡垒上空。

除此，四下全无动静。不知何处吹送蛇兰黑暗的幽香。

红衣在护城河岸站定，那堡垒自动放下链桥。一脚踏入城中，惟觉寒凉彻骨，如入万古长夜。循着声音，红衣逐间宫室找去，终于，在殿后莲池中见到一人。

波光如银，动荡间可见那男子肩膊、脊背、腰臀尽数缠布错经咒纹，血红纹路穷凶极恶地凸起，赤练蛇般，扭曲地，回环地，盘绕于寸寸肌肤之上。他的身躯，好似上古铜器，狰狞，而全无留白。红衣细辨时，却认不出是何种文字。咒纹灰红如炭火，不断烙入男子肌肤，那么深，仿佛下一秒钟就要爆裂。他似终于难以承受，整个人急速没入水中，鲸鲨般翻腾跃起复又重重坠下，拍击水面，似求速死，如是再三、再四以至于无穷，哀声如狮吼狼嚎，不绝于耳。

一时间莲池掀起巨浪，余波恰扑上红衣足趾，她忍不住负痛出声"呀"，原来那一池清水已然沸腾。

为呼声所惊，男子猛回头，看向红衣所在。那是一张噩梦般的脸，其上遍布咒纹，惟右眼灼灼，闪亮如星芒，而他的左眼，乃是一个深不可测的血洞，无数咒纹正汩汩从此生出。

"初时！"她叫出他的名字，随即惊惶地掩住了口——她竟能叫出他的名字。

这样就醒来了。呵，如此惊心，竟是一梦。

诵经之声因风送听。

红衣自草庐中向外望去，只见不远处的菩提树下，声场所及，皆徐徐荡起一层蓝光，而焚舟族众肌肤上的错经烙印，灼灼的，野火般的，闪闪烁烁浮于那幽幽蓝光当中，似红莲开于宁静海上。修习数月，他们已能自行念诵经文以为镇痛之法，红衣颇感欣慰。

这时一阵凉风穿枝打叶而来，飒飒有悲金悼玉之声。

想起方才的梦，红衣忽地周身一凛，不自禁地，裹紧了僧袍。

焚舟之夏，竟至于过去得这样的快。

而渡化是另一回事。

诵经固然能令疼痛稍缓，但于焚舟族众的自由却一无用处。他们受缚太久，以致魂魄干瘪饥饿，除了抵御疼痛，他们没有别的在世方式。以至于疼痛，渐渐而成其唯一意义，唯一印证。

为求渡化，红衣曾尝试以笔墨在焚舟族人肌肤之上写经，以正其谬，引亡灵重上正途，然而行不通。

无数个日夜，红衣在焚舟边境凝望无尽般若火海，苦思求解，凝望太久而终致目痛难当。前尘、今朝、梦境一重重压来，在短暂的眩晕与窒息中，她记起她所来自的那个世界：二十世纪初，人们采用全新的武器进行战争，一批人得以大规模地屠戮另一批人,又能以百倍于过去的速度从一地前往另一地,甚或能令钢铁载着人升空亦能令钢铁载着人潜入深海,但,对于亡灵,我们所知的对待方式是如此的少以至于没有。

人们致思于生界,竭尽全力完善之、超越之乃至创造之,然而对于死界,却甚少思量。

这,或许是人千秋万载无从洞透命运的原因。

红衣终于决定去见一见铁堡的主人。

其时,焚舟之日刚刚坠下,夜色尚未攀上绝壁之巅,周遭透明,堡垒笼着一层薄荷蓝。红衣如履梦境,自链桥而入城堡,一路无阻。穿过黑色回廊,只见他已在中庭的橘树下静静迎候。

"初时?"她试探。

他竟微微一笑,白牙齿在唇间一闪,招手道:"你来"。

草茵上已置下酒水瓜果,橘树枝桠间缀满灯烛,初时与红衣席地而坐,彼此熟稔到不似初见。

"我梦到过你,"红衣开门见山。长夜将至,月之阴影就潜伏在铜墙铁壁之下,他们的时间不多。

"别急,我先给你讲一个故事,"他的手伸过来,按住她的手,轻拍两下,随后极有分寸地,收回至他的膝上。肌肤温亲勾起记忆线索,但它太飘渺很快就散去,仅在红衣心头留下针刺般微茫的隐痛。

"我原是契丹阿史那部族裔,幼为武周朝大将花雄所俘,驯为家奴。九岁起伴其独女花明读诗书、习骑射,花明与我感情深笃,就连沈初时这个名字亦是她给我的;十九岁我被擢为花府十八死士之一,专替花将军刺杀政敌、营结朋党;二十三岁随花明嫁入金府,与之私,为其夫所妒;二十五岁受命行刺武皇则天大帝,未遂,为羽林卫刀戟所毙,亡于上林苑桃花树下。"

"我的一生很短。短到命运于我,不过是刀光一闪。但,我曾有过一个爱人而她恰好也爱我,这样就很好。你看,也许我的运气,还不是太坏。"

那年初春,洛阳城的桃花开得极盛。

洛水畔繁花如云,风起时,一川尽染绯红。

锦重重花树之间,忽掠起一道白影。看时,乃是一劲装丽人,手中剑花舞得银团也似,枝头花瓣为剑气激荡,纷纷如雪坠下。末了,那丽人收势,凌空刺去,恰以剑尖托住最后坠下的那朵桃花,骤然送至沈初时眼前,险险地,离他眉心不过一寸。

初时大笑,却毫不慌张,显是常与那少女如此嬉戏。他只以手指轻轻在剑尖一弹,龙吟之声,泠然作响,那花朵借力,又即飞旋数尺,复又徐徐坠下。

恰此时,斜刺里忽探出一柄金刀,不迟不早,硬将那桃花夺去。夺花之人且随手将花朵簪于帽上,也不下马,只倾身倚住马头,扬眉看那少女。只见那人跨青骢马,佩金麒麟,劲装轻骑,态度十分倨傲,身后四五随从,亦皆鲜衣怒马,当是官家子弟无疑。此刻一干人等正挤眉弄眼,嬉笑不已,"来比划比划,看是小娘子的剑法好,还是我们金九郎的刀法好。"

少女受辱,艳丽面孔登时笼上一道杀气,双眉一立,回剑欲刺。

"花明,不必跟他们计较,"初时以手格住她的剑柄,"天底下桃花可多的是。"

闻言,花明稍顿,随即眼波一转,满面寒霜竟换作春色,对初时盈盈一笑道:"正是",就此回剑入鞘,飞身上马。又向那挑衅的少年扬一扬下巴,冷嘲道:"借得一点桃花雪,又能染作胭脂色?"说罢,拨转马头,自与沈初时并辔疾驰而去。

那几个少年颇觉尴尬,干笑两声。而他们当中为首那一个唤作金九郎者,则目送惊尘,半晌,方笑道:"啧啧,好一匹胭脂虎。"

七日后,金太尉府上即着人向花将军求亲。

"前日我在公主府上识得一位西域番僧。他算过我们的八字，竟说我与你只在今生有些薄缘，来世无论如何也遇不上了，"花明说着，眼中落泪，"他说你杀戮过重，五百年内都入不得六道轮回。我原想今生无法嫁你为妻已是憾事，岂知来世更无指望。"

初时默然，自后拥住她，亲吻她如缎长发，一下又一下。

芙蓉帐外，瑞香消尽，窗纸已微微发白，鸡鸣三遭，他该走了。

其时花明嫁与金九郎已有年余，金府上下皆知她与初时关系不寻常。就连街巷小儿也不知被谁教晓了促狭童谣——"胭脂虎，胭脂虎，初时为宝今为土。"旁人不明就里，往往曲解其意，以为花明盛宠不及从前，殊不知，歌谣中的"今"字原应作"金"字解。

花明忽转身，住了泪，宝石般的双眼灿灿看定初时，道："那番僧说有一破解之法，你可愿一试？"

"好啊"，初时微笑，同时轻轻提揽花明腰肢，她便鱼一般倏忽游上他的胸膛，她温热柔软的胸腹紧紧贴住他的，黑暗而甘美的春意呵，此刻良宵，千金不换。

"他说在极乐与炼狱之间尚有一地，亡灵入之即可不堕轮回，生生世世永在。人死后，须得由这番僧做一场法事，在肉身遍书经咒，方可得入。初时，若你先死，我一定替你铺排一切；若我先死，你也必如此。先到者先等，我们不见不散，"说着花明已振奋起来，面孔上泪痕犹自未干，竟先笑了。

初时伸手在她鼻尖点一点,问她:"如此,真能逃脱宿命?"

花明不住点头,"是"。她就是这么天真。

"是到了焚舟我才明白,当初她那么轻信,不外是因为没有别的指望,"初时摇了摇头,拈了酒杯在手,一仰脖饮尽。

"但她没有来,"红衣轻叹。他等了她一千二百年,但她没有来。等待何其枯寂漫长,而于沈初时,又再加上蓝月锋刃之下无尽疼痛的折磨。

"人都有其做不到的事,也有其逃不开的道路,"初时起身,在橘树下站定,举首看向巍峨的城头,黑色大氅当风扬起,仿佛鹰翼,"如果,我跟花明当中一定要有一个人来到焚舟,我宁愿那个人是我。"

红衣双手合十,轻诵佛号,一垂首竟已流下泪来。四大皆空?不,她还做不到。

"次年春,宫中忽递出密报,道花将军结党谋逆,武皇已立意除之,诏书指日即下,条条是诛九族的重罪。花府、金府以及朝中一心光复李唐的大臣连夜商议,困兽犹斗,决定行刺武皇。两日后,武皇行幸上林苑赏春,我受命诛杀之。此乃置死地而后生之举,为免祸及主家,行前,我以绿矾水灼面，毁去了容貌。"

"花明竟不阻止你？"红衣双手抓紧了僧袍，在袍角捏出深色汗渍。

初时静静道："彼时她随公主往长安礼佛，不在神都。呵，就算她在……"他并没有把这句话说下去。

停一停，初时又道："当日，我隐身密林之间等待机会。忽然没来由地，感到心慌。我作暗人日久，杀人无数，但这一次，怎么说呢？这一次，我的心中竟毫无杀机。不像是行刺，倒像是送死。而那些羽林卫，也都好似早有准备、早有提防，我没有任何机会。出手的瞬间我已毙命。我没有任何机会，"琥珀色的酒一杯接着一杯，初时似已醉了，但仍挣扎着要把这个故事讲完，"弥留之际，我最后一线神思听见武皇下令，'此人孤身行刺，倒好胆色，把他的尸身扔去御苑喂虎。'"

其时，初时已背转身去，看不见他的脸，但他的声音，流露深深荒意。

红衣一凛。这个故事不长，讲完它，沈初时花了三个傍晚。

而直到此刻，红衣方醒觉这是一个亡灵在讲述他的生前事，一时间周身寒浸浸，如沐在冬夜的月光里。

那一晚淅淅沥沥下着雨，红衣却浑然不觉。

她的心非常重，重到下一刻就要从胸腔跌坠。

秋山如墨，她捧心而行，脑海中黑云涌动，无数思绪行将溢出：这势必不是她第一次见到初时，不，甚至早于那个梦境。她又想起叶暗化虎之后，曾口吐人言，对她讲："你来此间，乃为重遇一位故人"。是了，还有那虎，初时也提到一只虎。初时死后，尸身为虎所食。那虎可是叶暗所化？一念及此，红衣的头颅似要从天灵盖炸开。

山路湿滑崎岖，她跌倒复又爬起，不断跌倒又不断爬起。从密林的此端至彼端，红衣足足走了一夜。

破晓时分，她终昏晕在菩提树下。

不久，红衣为温热唇吻拱醒。

看时乃是一匹幼狼不断在她身周窜动，又以爪牙轻轻扯拽她的袍袖。

来此日久，红衣知那幼狼乃总角女童所化，必是因挂念她的安危而不忍离去。她伸手抓挠它的耳，它便驯顺地将头蹭过来，双目湿漉漉，是忠诚的深棕色。

忽有数点水滴坠落至幼狼皮毛之间，激得它浑身一凛，抖了抖脖颈。红衣举目看时，竟见菩提树下那尊观音，指尖正不断滴下血来。她一惊，道是菩萨显灵，即刻翻身拜倒。举目再看，原来不过是雨水滑落映上初升红日，殷红似血，如此而已。

然而,电光石火,已令红衣开悟。

——倘不付出代价,岂可奢言救渡?

当夜,旷野上风吹劲草,乱云飞渡,月光为云翳所掩,忽明忽暗。

红衣端坐于菩提树下,以利刃割损左腕,一线红蛇蜿蜒而下,她以砚台承之,徐徐地,接至七八分满。末了,敷草药,以纱布裹伤,鲜血渐止。

风中,焚舟族众亦盘膝趺坐,身周皆笼着一团活火,人人深锁双眉,紧闭双目,显是强忍莫大痛楚,然而,口中仍不住诵经,经声嗡然作一片,在人群上空形成肉眼不可见之气旋,鸟飞不过,叶落不到。

诵经声中,那总角女童越众而出,膝行而前,周身赤裸,项上咒纹正如烧红的铁蒺藜般愈陷愈深。至观音像前,女童叩首三次,口诵佛号,负痛竭力出声道:"菩萨慈鉴在上,某受此刑,逾千年矣,求恳渡我,出脱此境,归于轮回。"语罢,转身又向红衣再拜。

那一刻,焚舟的秋风忽然住了。

红衣提笔蘸血,凝神注目,在女童颈项肌肤之上,正心诚意写下经文:"一物一数,作一恒河;一恒河沙,一沙一界",将那错经,逐字改过。写时口中念念有词。书罢,风乍起,自女童项上漫卷而过。

众人好奇，纷纷睁眼视之。只见女童周身火焰渐熄，发肤、骨骼、五脏六腑逐渐变至透明。女童疼痛顿止，低头又见肉身如此变化，自知劫数历尽，待要开口言谢，口舌已失，只能向红衣叩头不止，喜极而泣，满脸都是泪，终以伏地之姿，化为一汪清水。一阵风来，那水已了无踪影。

古希腊先哲赫拉克利特早已洞透火的转化：首先成为水，水的一半成为土，另一半成为旋风。

凡所有相，皆是虚妄。

此时此刻，唯有渡化是真的。

不，也许渡化不过是虚无之一种。相的转化也是幻觉。

焚舟降下大雪那一日，红衣恰已渡化其族众九百九十九人。

数月间，她日渐苍白憔悴，除了诵经，几乎不再说话。她的身形亦渐缩细如同幼女，尤其双臂，极之细瘦，举动欲折。而左腕始终伤痕累累，且伤口复原得越来越慢，割痕亦不得不渐渐蔓延至整条左臂。

然而焚舟族众的求恳，并不因此稍减。

终于这一日，她的伤口不再出血。人群悻悻散去，有人流下泪来，有人抱怨"我的运气何至于这样的坏？"

红衣默然自草庐向外望，旷野上的风卷起狂暴雪尘一阵一阵，如牧奔马，驰骋无疆。奇的是，那菩提树却并不就此萎败，依然枝繁叶茂，顶住一天一地的雪。焚舟之人照例聚在树下诵经镇痛。红衣想起他们，已渡化的，未渡化的，嘴角现出一丝苦涩的笑意。

"值得吗？为他们死？"有人在身后发问。

她听见声音，知是初时，但已无力回头去看。她仍然微笑，低声道："他们受苦太久，陡见生机，你不能指望行将渴死的人懂得分寸。"

闻言，初时忽跪倒在地，黑色大氅带起温热风暴，卷裹她。他拉起红衣瘦而枯萎的手，将自己的面孔埋在她双手掌心，哀哀道："我愿你做回凡人，在焚舟终老，而我与你，尚有无数个傍晚可以共度，"说罢，在她掌心吻一吻，胡茬拂在肌肤，电流般微微的刺痛唤起久违的欲念。

红衣忽然流泪，颤抖至不能自已。

这一刻之前所有朽败的时间向她奔涌而来，所有依恋、狂怒和痛悔亦向她奔涌而来，黑暗的遗忘之川向她奔涌而来，一切属于焚舟的、不属于焚舟的统统向她奔涌而来：充斥她，填满她，壅塞她，而她已无力承受，行将炸裂。受其激发，她的身体再度丰盈，她的伤口逐一弥合，她青森森的头皮忽长出幽幽黑发，三千丈长，闪亮如缎，触之微温，是前尘的余热。

"花明！"沈初时惊呼。

而红衣已无法招架，只以微弱音量求救道："初时，我累极了，带我离开这里。"

古波斯时候，在巴格达，有个商人差他的男仆去街市办货。

岂料，男仆很快回来，面色发白，颤巍巍哀告道，适才他在街市为死神所欺，且那死神还向他做出威胁手势。商人闻言大惊，当即借给他最快的骏马。男仆滚鞍而上，驰奔而去，马不停蹄地赶往萨马拉城避祸。

其后，商人自去街市，见死神一袭黑袍站在人潮当中。

商人便上前质问："今早，你为何威胁我的男仆？"

死神却答："我不过是在表示惊讶。他怎么会在巴格达呢？明明我与他今晚在萨马拉有约。"

女尼红衣自她的巴格达跌落，坠入萨马拉，应她累生累世的情劫。

避无可避，都是命运翻云覆雨的拨弄，勘破天机也没有用。

"沈初时与花明的故事，后半段似应由我讲给你听，"红衣对初时道。

初时在她额上一吻，"花明，不急，我们有的是时间。"

行刺隔天,花明方才返抵神都,得悉初时已死,狂怒几近疯魔。

她率数名死士,趁夜潜入御苑,手刃饲者三人,将那斑斓大虎砍倒,以铁索约束之,继而开膛破肚,取出其中尚未消化尽净的初时骸骨。其后,花明解下腰间马鞭,抽打那虎,直至力竭方休。又令人剜去它双目,尽拔其爪牙,那虎一身锦重重皮毛满是血污,流满整座虎穴。

临去,一手下不忍,向花明道:"夫人,不如给它一个痛快。"

花明回头,见那虎汩汩流血,皮毛尚有微弱起伏,想起它尽食初时肉身,怒意难消,咬牙恨道:"不。我们走。"

"夫人,老虎食人乃天性,你又何必跟它过不去?"

花明怒视那劝谏之人,目光中几喷出火来,沉声叱道:"我不管!"

一行人遂默默收好洞中所能找到的所有残骸,以布囊重重裹好,紧紧缚在各人背上,兔起鹘落,越墙而出。

当晚星月俱灭,夜色寂静深沉,桃花飞落,弥漫淡淡血腥。

其后,那虎在自身血泊当中苦撑三日,方才气绝。

一千二百年后,这虎超脱畜道,转生为人。花明亦投胎为郑家女,小名唤作红衣。冥冥之中,他娶了她,折磨凌虐她三年方休，就此前尘因果销尽，了结一段公案。

又因前世杀机太重，郑红衣此后遁入空门，于古卷青灯中，修去一身戾气。

宿命哪有多么狰狞难解？无非是尘归尘，土归土，欠泪的还泪，欠下的血债，也用血来偿还。

天明后，花明秘延西域番僧来府，于地底密室示以初时遗骸。

见之，番僧却犯难道："夫人，真的一点肉身都找不到了吗？此法虽玄，但务须借得一点肉身之力，仅有残骨是行不通的。"

花明垂首踌躇，终于从袖中取出一只珠环翠绕的水晶盒，摩挲片刻，递予番僧，道："我只有这个了。你看是否合用？"

番僧接过，那水晶盒不过盈掌，极为精巧，揿动机括启开看时，当中乃是一只眼球。

饶是番僧自西域东来，一路很见过些风浪，至此也不由得呼吸一窒。他再次打量眼前这美妇，只见她双唇发白，神情憔悴，艳色之下另有一番暗潮涌动，说不出的妖丽凄惶。

不知怎的，他竟不忍叫她失望，双手合十，口诵佛号，道："且待老衲一试。"

于是开始书经。

墨汁中调有金粉,每一句经文皆自那颗眼球写起,遍及整副骸骨。经成,骸骨与那眼球凭空消失,惟留一阵细细密密的金烟,久久不曾堕地。

花明惶惑:"这样就没有了?"她望着那金色的烟尘,一刻也不肯错开眼珠。

那番僧安慰道:"他已先到彼方等你。你可要随他去么?"

花明闻言,忽欢喜起来,拊掌笑道:"很好。现在轮到我。"说完,自去案头取来宝剑。待她回转身,却见番僧唇角流血,面上表情似笑非笑,极为诡异。很快,他身形一软,气绝倒地,背后阴影中闪出一人。

"谁?"花明喝问。

及至那人走到烛火动荡的光影中站定,花明方认出那是金九郎,她的丈夫。呵,她几乎忘记她是有丈夫的。

"花明,是我。你被妖僧所惑,失了神志,险些自尽,"金九郎将花明拥入怀中,"我已杀了他,没事了。"

花明怔怔望着他,良久,爆发狂笑,一面笑,一面流泪。

她推开他,挣出他的怀抱,但她竟连掌掴他的力气也没有了。

目睹花明疯状,金九郎面上黑云涌动,显是怒极,他扭住花明手腕,巨大手掌几乎将其捏碎为齑粉,咬牙恨道:"我没有那么傻,花明。妖僧一死,你与沈初时便做鬼也永无相会之日。还有,行刺武皇之事,我早已密函知会羽林卫,呵,大好机会,我怎会让沈初时活着回来?"

话音未落,金九郎忽觉心口一痛,低头看时,花明不知何时取得他腰间匕首,此刻,那匕首正自他胸口飞快地拔出,周遭静了,烛火跳了两跳,忽尔不知何处噪起群鸦的叫声,鲜血"噗"地溅上花明的脸,眉目间斜斜一道,流火般温热,桃花般妖冶。

之后的故事,其实已不重要了。

焚舟之雪足下了七日七夜,天地间一片守贞般寂寥的洁白。

薄薄日色滑落至旷野尽头绵延起伏的雪线以下,又一个傍晚降临了。

"初时,你看,我误你良久,"红衣落泪。

初时却替她拭泪,微笑道:"不,不不,我们逃避命运,这不过是你我付出的代价。"

红衣听了,更觉哀伤,颤抖的手抚上初时的脸——女尼红衣一生中最宁静是这一刻。她彻底地记起了她的命运,又且彻底地,认清了它。逃避是更大的沉陷,就是这样。

一日之间,只有这区区片刻初时的面貌与生前一般无二。这张花明曾以性命记认,并已烙入性命,以为能够生生世世铭记于心的面孔:较常人更为突起的眉骨,笔直的鼻梁。

双目很亮，如星芒；又很深，如风暴中隐着鹰的影子。

倘若她没有安排那场法事，初时此刻早已轮回到世上，改了面目，换了姓名，前尘都已抛却了，甚或已在和风细雨中寻到一位桃花般娇艳的女子，与之生儿育女，升斗之间有无限喜乐。

然而他们的命运似被邪灵摆布，千千万万个日与夜过去，他的等候与她的遗忘一样长久。

而初时的错经咒是不可解的。

他周身咒纹或如蛇盘旋扭曲，或如莲花盛放，绝非汉字。红衣揣测那是梵文，但亦无从记诵，更且无从修正。每当明月东升，初时左眼便为符咒化去，其间汩汩流出咒纹，迅速覆满全身。痛楚中，他走去雪地，周身烈焰很快将那一地积雪融化。为免红衣难过，初时甚至压抑着绝少出声哀嚎。

但静默，毫无疑问，更为锥心。

这日，红衣昼间盹着，忽得一梦。

梦中，她投身入水，化作一叶轻舟，载着一头雄鹿，渡往彼岸。

那一川黑水，深不可测，静定无波。彼岸不知何处传来急促鼓点，召唤她，牵引她。

醒来，红衣心地一片空明，她想，是时候了。

向晚时分起了风。

林木枯枝上的残雪纷纷为风卷起,复又漫漫飘坠。

红衣沐浴罢,将长发挽作随云髻,两靥饰以金箔,锦衣加身,为遍地金缂丝山水纹,上绣孔雀羽线,金蓝怒彩,山河在袖,十分璀璨庄严。

其时恰逢月影东来,将半空残雪映作千点银,照林野也照城池,照初时也照红衣。她笑盈盈地走向他,轻轻踮起脚,吻了他的嘴唇。而他展臂搂住她,心中欢喜,尚不知这是她能给他最后的香艳。

朝朝暮暮缠绵不已的疼痛就这样来了,但初时想他还能够忍受如果就这样搂着她。

疼痛是这样一种东西,你与它相处再久也许已经习惯有它,但它还是令你与你的身体之间出现深渊和血泊。何其深刻,何其撕裂,并且无法抵挡跟拒绝。

愈演愈烈的疼痛中,初时忽觉双臂一空,看时,只见华服委地,状如蛇蜕,其中已不见了郑红衣。

眼前,两片金箔正翻飞着落下。

郑红衣离死亡那么近,似跳贴面舞那么近。但她却与死亡达成了交易。

在挫骨扬灰之前,她得到一个全知全能的刹那。

一刹那很短,其中却有九百生灭。够了。足够她辨认出初时周身错经确为梵文所书，乃整篇《心经》。于是，她奋身化笔，似一道薄薄金光，投入烈焰，将那梵文写就的错经一一修正。释放她的爱人。而她也要忘记他。

是救渡，也是诀别。

她写。

凡所有相，皆是虚妄。

此时此刻，唯有书写是真的。

不，生生不息的书写也是罗网之一种。文字不过是幻觉。

《心经》，全称《摩诃般若波罗蜜多心经》，是渡厄经文。

经文最末为一咒，咒曰：揭谛揭谛，波罗揭谛；波罗僧揭谛，菩提娑婆诃。

译作中文大意是这样的：去吧去吧，到彼岸去吧；走过所有的路到彼岸去，彼岸是光明的世界。

西谚有云：到得彼岸，烧掉渡你的船。

是为焚舟。

2015年2月28日

巫的事：写在《焚舟》之后

九幽的第八则，题为《焚舟》。

熟读安吉拉·卡特的读者应会知道，这是我在向她的《焚舟记》致敬。

我之偏爱卡特，在乎她文字中的暗云涌动，巫气弥漫。

她始终带有一丝血腥味的书写，常令我如鲨鱼般，千里追索而至，在淡淡的血雾中盘旋游弋，亢奋不已。呵，她多么像是一个巫。

鸿蒙之初有巫，对万事万物的来去，每以身体探问、以精神抵达。

而巫的供奉，或是长发，或是灵魂，或是符咒，或是梦境。

今时今日，巫之职，似已由舞者和作家分担。

九幽之焚舟，是关于救赎和渡化的故事。

焚舟是极乐与炼狱之间的飞地，其族人千年万年受苦，入不得轮回。

尘世女尼红衣到此，乃为避开一个情劫，殊不知，却是更为彻底地，迎向了它。

但，了却总好过逃避。

譬如剜去腐肉，方能止其溃烂。虽然这非常的痛，而且会流血。

但命运，如果你洞悉它的真相，你就不会再反抗它。

一月间，我常常失眠。

睡至夜半，忽然醒来，睁眼与黑暗对视，神思无属，可以飘到很远。

这时我便默念《心经》，久之，竟也能令心神凝定，重行入梦。

焚舟的故事，就是在这样的时分，也许循着黑暗，也许循着光明，找到了我。

适逢寒假，情节构思得很快，写得也顺利。

写时，往往听见远处高楼间传来爆竹声响，劈啪中间杂孩童的欢声。

又或者，一抬头便见窗前燃起一树银花，光焰跃入漆黑夜空，忽如绣球般蓬起绽放，照亮冬日槐树枯骨般的枝杈。

我就托着下巴看一阵，之后转回电脑，继续在屏幕上一个字一个字地跋涉下去。

这些时刻，我属于这个世界，又且不属于。

更妙的是我的梦。

有时会于梦中得句,醒来赶忙写在随便什么纸上。

到后来,梦中渐渐出现"非人",殷殷向我演绎他们一生的情事。境中我伤怀不已,醒时我已惊出一脊细汗,灯影里,奇诡的氛围仍在枕畔萦绕,相当莫名。

写这则《焚舟》,令我前所未有地感觉到,写作毋宁是打开一个通道,其间泻出种种颠倒梦想,而写作者本人,竟无从左右其滂沱之势。

只是打开自己。

只是把自己交托给"写"。

乙未年的春节,就这样过去了。

整个九幽系列的写作,至此已近尾声。

起笔至今,八年过去,对于爱和命运,我又多了些头破血流的尝试,披荆斩棘的理解,以及正心诚意的书写。

这些少则八千字,多则数万言的短篇,如实地记录着这一切。

书写与现实比照,两相参差嵯峨,其中跌宕勾连,连我也难以言明。

仿佛一个巫,在诸神附体的迷狂中,录下她自身也无从解读的符咒。

而符咒,就这样鲜明地存在了。

写，不过是通往真知灼见的船。

不立文字，见性成佛，方是正道。

如已看见月亮，大可斩断指向月亮的手。焚舟之意，大抵便是如此。

以上诸般，都是巫的事。

2015 年 3 月 7 日

尘世

题记：泥沙俱下的生活里，不可能的爱人，当然，你也曾有过吧。

致读者书：写在《尘世》之后

你好，我的读者：

首先我想要申明的是，你买到的不是错版书。

因为，将《九幽》的第九则故事留白，我在很久之前就决定了。

如你所知，这本书我写了多年。

它是虚无主义者的《镜花缘》，是宿命论者的《奥德赛》，是爱者、欲者一场接一场奇幻的漂流。

我占据它的话语权兴许有点太久了。众所周知，我写得很慢，一年一则，随遇而安，到惜字如金的地步；亦从未停止，一期一会，挥霍辞藻，常有豪掷千金的快感。及至第九则"尘世"，我忽然地，想要倒转刀把，将这把劈杀多年的金错刀，暂时地，递给你，我的读者。

一个写作邀请：题目、人物、主旨都已给出，万言之间，请即敷衍出一则恨海情天的故事。好吗？

《词与物》的结尾，福柯曾说，"人将被抹去，如同大海边沙地上的一张脸。"

在危殆的权力结构中，作为写作主体的作者也已成为一种虚妄。那么，倘若将作者的权力让渡一部分出去，会有何种结果？我的的确确，很想知道。

因之，《九幽》于我，从不仅仅是小说的写作，而是文本的创制。

因之，《九幽》的出版于我，也不仅仅是数则短篇的结集，而是一个文学事件。这个事件需要足够分量的参与者，需要你，你们。

《九幽》关于不可能的爱人，写给不可能的爱人，亦试图探讨在镣铐、峭壁、岩浆与洪流间幽黯一闪的不可能的爱意。

此种不可能，乃是境遇上的无出路，也是属性上的无出路。

一种绝境，无从克服的。与这种绝境相比，情感的深浅反倒在其次，当然，我并不是说后者不重要。

尘世故事多艰，泥沙俱下的生活里，不可能的爱人，你当然也曾有过吧。

我由衷希望，由你与我，共同成就一本举世无双的《九幽》。它将属你，属我，也属世，并在其具体而微的局限性中灼灼有光。

毕竟，对我来说，在所有的可能世界里，需以指节叩问、以想象力飞赴、以对峙过黑暗的双眼注视的，第九个幽微之地，不是别的，而是，你的心。

我静候你的写作，如同静候向着深渊掷下的一枚石子长久之后传来的回响。如蒙见教，邮箱请见文末。

愿你灵肉舒展，不舍昼夜。

逍遥兽　即日

E-mail: DimNine@126.com